# 근본의
# 소리를
# 발하라

성결과 권능 시리즈·실천편4

# 근본의
# 소리를
# 발하라

이재록 목사

우림

옛적 하늘들의 하늘을
타신 자에게 찬송하라
주께서 그 소리를 발하시니
웅장한 소리로다

시편 68:33

# 펴내는 글

**창조의 역사가 넘치는 근본의 소리로**
**응답과 축복의 주인공이 되기를 바라며**

세상에는 참으로 많은 소리가 존재합니다. 아름답게 지저귀는 새소리나 해맑은 아이의 웃음소리, 군중의 환호, 자동차 소리, 음악소리 등 가청(可聽) 주파수에 속하는 소리가 있는가 하면, 초음파처럼 들을 수 없는 미세한 소리까지 매우 다양합니다.

주파수가 높은 소리나 낮은 소리는 실제로 존재하지만 우리 귀로 들을 수 없습니다. 뿐만 아니라 마음으로만 들을 수 있는 소리나 저마다 다른 양심의 소리도 있습니다. 그런데 그중에서 가장 아름답고 힘이 있으며 차원이 높은 소리는 무엇일까요? 바로 모든 것의 근본인 창조주 하나님께서 내는 '근본의 소리'입니다.

"옛적 하늘들의 하늘을 타신 자에게 찬송하라 주께서 그 소리를 발하시니 웅장한 소리로다"(시 68:33)

"하나님의 음성이 많은 물소리 같고 땅은 그 영광으로 인하여 빛나니"(겔 43:2)

태초에 하나님께서는 홀로 웅장한 소리를 머금은 빛으로 온 우주를 감싸고 계셨습니다(요일 1:5). 그러다가 영원히 사랑을 주고받을 수 있는 참 자녀를 얻고자 인간 경작을 계획하시고 스스로 성부, 성자, 성령 삼위일체 하나님으로 존재하신 것입니다. 이때 근본의 소리도 성자 하나님과 성령 하나님 안에 동일하게 담기게 되었습니다.

때가 이르매 삼위일체 하나님께서는 근본의 소리를 발하여 천지만물을 창조하셨습니다. "빛이 있으라", "천하의 물이 한 곳으로 모이고 뭍이 드러나라", "땅은 풀과 씨 맺는 채소와 각기 종류대로 씨 가진 열매 맺는 과목을 내라", "하늘의 궁창에 광명이 있어 주야를 나뉘게 하라", "물들은 생물로 번성케 하라 땅 위 하늘의 궁창에는 새가 날으라"(창 1:3~26).

그러므로 모든 피조물은 삼위일체 하나님께서 발하시는 근본의 소리를 알아들을 수 있으며 시공간을 초월하여 즉시 순종합니다. 사복음서를 보면 예수님 역시 근본의 소리를 발하실 때 무생물인 바람과 파도도 이내 잔잔해졌습니다(눅 8:24~25). 또 침상에 누운 중풍병자에게 "네 죄사함을 받았느니라", "일어나 네 침상을 가지고 집으로 가라" 하시니 일어나 집으로 돌아갔지요(마 9:1~8). 이러한 모습을 지켜 본 사람들은 몹시 놀라고 두려워하며 이런 권세를 주신 하나님께 영광 돌렸습니다.

요한복음 14장 12절을 보면 "내가 진실로 진실로 너희에게 이르노니 나를 믿는 자는 나의 하는 일을 저도 할 것이요 또한 이보다 큰 것도 하리니 이는 내가 아버지께로 감이니라" 말씀합니다. 과연 성령께서 역사하시는 오늘날에는 어떻게 근본의 소리를 체험할 수 있을까요? 사도행전을 보면 마음에 악을 버리고 성결을 이루는 만큼 하나님의 권능을 나타내는 도구로 쓰임받았음을 알 수 있습니다.

사도 베드로는 날 때부터 걷지 못하는 사람에게 "나사렛 예수 그리스도의 이름으로 걸으라" 외치며 그의 손을 잡아 일으키자 일어나 걷고 뛰었습니다. 또 죽은 다비다를 향해 "일어나라" 하니 놀랍게도 살아났지요. 사도 바울 역시 죽은 유두고라는 청년을 살려내는가 하면, 그의 몸에서 손수건이나 앞치마를 가져다 얹으면 병든 사람이 치료되었습니다. 더구나 오늘날과 같이 마지막 때가 가까운 성령 시대에는 시공간을 초월하여 근본의 소리를 통해 무수한 권능의 역사를 체험할 수 있습니다.

『근본의 소리를 발하라』는 '성결과 권능' 시리즈 실천편 마지막 말씀입니다. 근본의 소리를 통하여 권능의 역사를 체험하는 방법을 제시하는 한편, 실생활에 적용하여 실천할 수 있게 다양한 권능의 역사를 수록하였습니다. 또한 '하늘들'에 관한 클릭 바이블(Click Bible)을 추가하여 영의 세계와 응답의 원칙을 터득하는 데 큰 도움이 될 것입니다.

이 책이 나오기까지 수고하신 빈금선 편집국장과 직원들에게 감사의 뜻을 전하며, 아무쪼록 많은 사람이 창조 역사가 나타나는 근본의 소리를 직접 체험하고 응답과 축복의 주인공이 되시기를 주님의 이름으로 기원합니다.

2009년 4월 부활절을 앞두고

겟세마네 기도처에서 이 재 록 목사

# 글 머리에

교회 성장과 더불어 하나님께서는 1993년부터 2004년까지 매년 2주연속 특별부흥성회를 개최하게 하셨습니다. 성도들이 영적 믿음을 소유하고 선과 빛, 사랑과 권능의 차원을 깨닫게 하신 것입니다. 그리고 해를 거듭할수록 시공간을 초월한 창조의 권능을 삶 가운데 체험하도록 이끄셨습니다.

이러한 하나님의 깊은 사랑이 담긴 부흥성회 설교를 '성결과 권능' 시리즈로 새롭게 편집하였습니다. 그중 『근본의 소리를 발하라』는 지금까지 자세하게 알려지지 않은 하나님의 근본과 하늘들을 비롯하여 근본의 소리를 통해 나타나는 권능의 역사와 이를 체험하는 법을 알려 줍니다.

첫 번째 '근본' 편에서는 하나님은 어떤 분이고, 어떻게 존재하셨으며, 인간을 어떻게 만들고 왜 만들었는지를 알 수 있습니다. 두 번째 '하늘들' 편에서는 여러 개의 하늘이 존재하는 것과, 이런 하늘을 지으시고 다스리는 하나님을 믿기만 하면 어떠한 문제도 응답받을 수 있음을 아람 나라의 군대 장관 나아만을 통해 깨우쳐 줍니다. 세 번째 '삼위일체 하나님' 편에서는 왜 근본 하나님께서 공간을 나누고 삼위일체 하나님으로 존재하셨는지, 또 삼위일체 하나님의 역할은 무엇인지 설명합니다.

네 번째 '공의' 편에서는 하나님의 공의에 대해 설명하고, 그 공의 안에서 응답받는 비법을 제시합니다. 다섯 번째 '순종' 편에서는 인류를 구원하러 오신 예수님께서 철저히 하나님 말씀에 순종하신 일과, 우리 역시 하나님 역사를 체험하려면 반드시 순종해야 함을 강조합니다. 여섯 번째 '믿음' 편에서는 많은 사람이 믿는다 하지만 응답받는 정도가 다름을 설명하고, 백 퍼센트 하나님께 신뢰받을 수 있는 믿음을 내보이려면 어떻게 해야 하는지 가르쳐 줍니다.

일곱 번째 '너희는 나를 누구라 하느냐' 편에서는 수제자 베드로가 중심에서 예수님을 '주'라 고백했을 때 놀라운 축복의 언약을 받은 것처럼 신속히 응답받는 길을 설명합니다. 여덟 번째 '무엇을 하여 주기를 원하느냐' 편에서는 앞을 보지 못하던 한 사람의 행함을 통해 응답받는 과정이 잘 나와 있습니다. 아홉 번째 '네 믿은 대로 되어라' 편에서는 백부장의 응답 비결과, 실제 우리 교회에서 나타난 간증 사례를 소개합니다.

이 책을 통해 하나님의 근본과 삼위일체 하나님의 역사를 바로 깨달으며, 공의에 합당한 믿음과 순종의 행함으로 구하는 것마다 응답받아 하나님께 영광 돌리시기를 주님의 이름으로 기원합니다.

2009년 4월

빈금선 편집국장

# 차 례
contents

# Chapter 1 근본

"
하나님의 근본을 알고
사람이 어떻게 존재하게 되었는지 깨우치면
사람의 본분을 좇아 살아갈 수 있습니다.
"

태초에 말씀이 계시니라
이 말씀이 하나님과 함께 계셨으니
이 말씀은 곧 하나님이시니라

---

요한복음 1:1

오늘날 우주 만물의 기원과 이를 주관하는 참 신이 누구인지 모르기 때문에 헛된 것을 좇아 방황하며 사는 사람이 많습니다. 자기가 어디서 와서 어디로 가는지, 왜 이 땅에 살며 삶의 목적과 가치가 무엇인지 깨닫지 못하여 세상을 자기 마음대로 사는 것입니다. 결국에는 자신의 근본을 알지 못하기 때문에 마치 뿌리 없는 나무같이 이리저리 흔들리며 살아갑니다.

그러나 삼위일체 하나님의 근본을 알고 사람이 어떻게 존재하게 되었는지 깨우친다면 하나님을 믿을 수 있고 사람의 본분을 좇아 살아갈 수 있습니다. 과연 성부, 성자, 성령, 삼위일체 하나님의 근본은 무엇일까요?

## 하나님의 근본

요한복음 1장 1절을 보면 태초의 하나님, 곧 하나님의 근본에 대해 알려 줍니다. '태초'란 언제를 말하는 것일까요? 바로 '영원 전'을 의미하며, 우주 모든 공간 속에 오직 창조주 하나님 한 분만이 계실 때를 말합니다. 여기서 우주 모든 공간이란 우리가 아는 거대한 우주 공간만을 말하는 것이 아닙니다. 우리가 사는 우주 공간 외에 이보다 더 크고 넓은 공간이 상상할 수 없을 만큼 끝없이 펼쳐져 있습니다. 이러한 공간에 창조주 하나님 한 분만이 영원 전부터 계셨습니다.

이 땅의 모든 것이 유한하며 시작과 끝이 있기 때문에 대다수의 사람은 '영원 전'이라는 개념 자체가 쉽게 이해되지 않습니다. 그렇다면 "태초에 하나님이 계시니라" 해도 되는데 왜 "태초에 말씀이 계시니라" 하신 것일까요? 그것은 하나님께서 처음부터 지금과 같은 모습으로 계신 것이 아니었기 때문입니다.

이 세상 사람들은 한계가 있기 때문에 무엇이든지 보고 만질 수 있는 실질적인 형상이 있어야 합니다. 그래서 이런저런 우상을 만드는 등 늘 형상화된 신을 찾지요. 하지만 어찌 사람이 만든 우상이 천지 만물을 창조하는 신이 될 수 있고 인간의 생사화복을 주관하며 인류 역사를 주관할 수 있겠습니까.

하나님께서도 태초에는 말씀으로 계셨지만 때가 이르러 사람이 하나님의 존재를 인식할 수 있어야 하기 때문에 스스로 형상을 입으셨습니다. 그러면 태초에 말씀으로 계신 하나님께서는 과연 어떻게 존재하셨을까요? 어떤 이름이나 형상도 필요 없는 아름다운 빛과 웅장한 소리로 계셨습니다. 바로 소리를 머금은 빛으로 계시면서 모든 우주 공간을 다스린 것입니다. 요한일서 1장 5절에 "하나님은 빛이시라" 하신 대로 빛으로 온 우주 공간을 두르고 그 빛 가운데 소리를 머금었는데 그 소리가 바로 '말씀' 입니다(요 1:1).

## 인간 경작을 계획하신 근본 하나님

태초에 말씀으로 계시던 하나님께서 때가 이르자 한 가지 계획을 세우셨습니다. 그것이 바로 인간 경작입니다. 간단히 말하면, '이 땅에 인간을 창조하고 번성하게 하셔서 그들 중에 하나님을 닮은 참 자녀로 나온 영혼을 천국으로 들여 영원토록 사랑을 나누며 행복하게 사시려는 계획' 입니다.

이처럼 인간 경작의 계획을 세우신 하나님께서는 준비 작업을 하나하나 이루십니다. 첫 번째가 공간을 나누는 것이었지요. 공간에 대해서는 2편에서 자세히 설명하겠습니다. 본디 모든 공간이 하나였는데 인간 경작을 위해 필요에 따라 여럿으로 나누신 것입니다. 그런데 공간을 분리한 뒤 매우 중요한 사건이 일어났습니다.

태초에는 하나님 한 분만이 계셨는데, 성부, 성자, 성령 하나님으로 존재하시게 된 것입니다. 이것은 마치 성부 하나님께서 성자 하나님과 성령 하나님을 낳으신 것과 같습니다. 그래서 성경은 예수님에 대해 하나님의 아들 또는 독생자라 말씀하고 있으며, 히브리서 5장 5절에도 "너는 내 아들이니 내가 오늘날 너를 낳았다" 하는 것입니다.

성자 하나님과 성령 하나님은 근본 하나님 한 분으로부터 나왔으니 마음도, 능력도, 모든 것이 하나입니다. 그래서 빌립보서 2장 6~7절에 예수님에 대해 "그는 근본 하나님의 본체시나 하나님과 동등 됨을 취할 것으로 여기지 아니하시고 오히려 자기를 비워 종의 형체를 가져 사람들과 같이 되었다"고 기록하고 있습니다.

## 삼위일체 하나님의 형상

태초에 빛 가운데 소리를 머금고 말씀으로 존재하신 하나님께서는 인간 경작을 위해 삼위일체 하나님으로 형상을 입으십니다. 어떠한 형상을 입으셨는지는 하나님께서 사람을 창조할 때의 장면을 보면 알 수 있습니다.

창세기 1장 26절에 "하나님이 가라사대 우리의 형상을 따라 우리의 모양대로 우리가 사람을 만들고 그로 바다의 고기와 공중의 새와 육축과 온 땅과 땅에 기는 모든 것을 다스리게 하자" 말씀합니다. 여기서 '우리'란 성부, 성자, 성령 삼위일체 하나님을 의미하며, 사람이 처음 창조될 때 삼위일체 하나님의 형상에 따라 만들어졌음을 알 수 있게 해 줍니다.

그러므로 '우리의 형상을 따라 우리의 모양대로 우리가 사람을 만들고' 말씀하신 내용을 통해 성부, 성자, 성령 삼위일체 하나님께서 어떤 형상을 입고 계신지도 능히 깨달을 수 있습니다. 물론 하나님의 형상에 따라 사람을 만들었다는 말씀이 단지 겉모습만 그대로 본떴다는 의미는 아니지요. 근본 마음까지도 하나님의 마음을 닮아 선하고 진리가 충만한 영적 존재로 지으신 것입니다.

그런데 첫 사람 아담의 불순종의 죄로 인해 사람은 처음 창조될 때의 형상을 잃은 채 점점 죄와 악으로 물들어 갔습니다. 이처럼 사람의 몸과 마음이 하나님의 형상에 따라 지음받은 존재임을 안다면 잃어버린 하나님의 형상을 되찾아야 합니다.

### 참 자녀를 얻고자 인간을 창조하신 하나님

삼위일체 하나님께서는 분리하신 공간 안에 필요한 것을 하나하나 창조하셨습니다. 예를 들면, 태초에 빛과 소리로 세실 때에는 처소가 필요하지 않았지만, 형상을 입은 뒤에는 처소를 비롯하여 시중들 천군과 천사 등 많은 것이 필요하였습니다. 그래서 영의 공간 안에 우선 영의 존재들을 창조하고 비로소 우리가 사는 우주 공간 안에 만물을 창조하셨습니다.

영적 존재들을 창조한 뒤 곧바로 우리가 사는 이 세상을 창조한 것은 아닙니다. 삼위일체 하나님과 천군 천사들이 영의 공간에서 셀 수 없을 만큼 수많은 세월을 함께 지낸 뒤 마침내 육의 공간에도 천지창조가 이루어집니다(창세기 강해 참조). 사람이 살아갈 수 있는 모든 환경을 만드신 뒤 맨 마지막으로 하나님의 형상에 따라 사람을 창조하셨습니다.

그러면 이미 수많은 천군과 천사가 있는데도 굳이 사람을 만드신 이유는 무엇일까요? 바로 참 자녀를 얻기 위해서입니다. 여기서 '참 자녀'란 하나님을 닮은 자녀로서 하나님과 참사랑을 나눌 수 있는 존재를 말합니다. 천군과 천사는 특별한 몇몇을 제외하고는 로봇과 같이 하나님 말씀에 무조건 복종하고 따르며 섬기는 존재입니다. 아무리 자신의 뜻대로 움직인다 해도 자녀보다 로봇을 더 좋아할 부모는 없을 것입니다. 진정 마음을 주고받을 수 있는 자녀가 더 사랑스럽고 좋지요.

반면에 사람은 자유 의지 가운데 중심에서 우러나오는 마음으로 하나님께 순종하며 사랑할 수 있는 존재입니다. 물론 사람이 태어나면서부터 하나님의 마음을 알아 사랑을 주고받을 수 있는 것은 아닙니다. 자라면서 온갖 삶을 체험하며 오직 참이신 하나님의 사랑을 느끼고 사람으로서의 본분을 깨달은 사람만이 하나님을 마음 중심에서 사랑하며 그분의 뜻에 순종할 수 있습니다.

이러한 사람은 누가 시켜서 사랑하는 것이 아닙니다. 무엇이 두려워서 하나님 말씀에 순종하는 것도 아닙니다. 자유 의지 가운데 중심에서 하나님을 사랑하고 감사하며, 그러면서도 변함이 없지요. 하나님께서는 이처럼 마음에서 사랑을 주고받을 수 있는 참 자녀를 얻고자 인간 경작을 계획하고, 이를 위해 첫 사람 아담을 창조하신 것입니다.

## 사람의 근본

과연 사람의 근본은 무엇일까요? 창세기 2장 7절에 "여호와 하나님이 흙으로 사람을 지으시고 생기를 그 코에 불어넣으시니 사람이 생령이 된지라" 말씀합니다. 이 말씀대로 사람은 진화론에서 말하는 것과는 전혀 차원이 다른 존재입니다. 한낱 하등한 생물에서 진화한 것이 아닙니다. 처음부터 하나님의 형상을 닮은 영적 존재로 지어진 것이지요. 하나님의 형상에 따라 하나님께서 직접 만드셨고 생기를 불어넣었기 때문에 영육간의 모든 것이 근본 하나님에게서 온 것입니다.

그러므로 사람은 위로부터 난 신령한 존재입니다. 우리는 자신을 다른 동물들보다 좀 더 진화된 고등동물 정도로 생각해서는 안 됩니다. 진화의 증거로 내세우는 화석을 살펴보아도 종과 종 사이를 연결하는 중간 형태의 화석이 없으니 과학적으로도 타당성이 없습니다. 오히려 창조의 증거는 매우 많습니다.

한 예로, 인종에 상관없이 모든 인류는 눈, 코, 입 등의 구조와 위치가 같습니다. 각종 동물도 무리의 법칙에 따라 약간의 차이는 있지만 역시 사람과 흡사한 구조를 가지고 있습니다. 이는 창조주 한 분에 의해 설계되고 만들어졌다는 증거가 됩니다. 이 외에도 태양계 안의 모든 것이 한 치 오차도 없이 정확하게 운행되는 사실 자체가 창조의 증거입니다.

오늘날 사람들이 그러한 사실을 깨닫지 못하고 사람이 진화되어 나왔다고 생각하기 때문에 자신이 어디로부터 왔는지, 왜 이 땅에서 살아가는지 깨닫지 못하지요. 그러나 사람이 하나님의 형상에 따라 지은 거룩한 존재임을 깨달으면 우리의 아버지가 누구신지 바로 알기에 하나님 말씀대로 살며 그분을 닮아 가려고 노력하게 됩니다.

'내 아버지는 분명히 나를 낳아 주신 분인데….' 하며 혈연으로 이어진 아버지만을 생각할 수 있지만 결국 조상을 찾아 올라가면 첫 사람 아담이 나오지요. 그러니 우리의 참 아버지는 사람을 창조하신 하나님 한 분임을 깨우칠 수 있습니다. 근본적으로 사람은 창조주 하나님께서 주신 생명의 씨를 결합하여 잉태될 수 있도록 자신의 몸을 도구로 빌려 드린 것뿐입니다.

### 하나님께서 주신 생명의 씨와 잉태

사람을 창조하신 하나님께서 남자에게는 정자, 여자에게는 난자라는 생명의 씨를 주고 자녀를 낳을 수 있도록 하셨습니다. 스스로의 능력으로 자녀를 낳을 수 있는 것이 아니라 하나님께서 자녀를 낳을 수 있도록 근본 생명의 씨를 주신 것입니다.

생명의 씨 안에는 하나님의 능력으로 사람의 모든 조직을 만들 수 있는 조건이 구비되어 있습니다. 육안으로는 보이지도 않을 만큼 작지만, 부모의 성격이나 외모, 습관 등 모든 기(氣)가 한 군데로 모인 것입니다. 그래서 자녀가 태어나면 외모뿐만 아니라 성격도 부모를 닮습니다.

만약 사람에게 능력이 있어서 자녀를 낳을 수 있다면 왜 많은 사람이 잉태하지 못해서 고통을 받겠습니까? 잉태는 창조주 하나님께 속한 영역으로서 하나님만이 주관하실 수 있습니다. 오늘날 병원에서 인공수정이라는 방법을 사용하지만, 정자와 난자를 창조해서 잉태하게 하는 것은 아닙니다. 창조의 능력은 오직 하나님께만 속한 것이기 때문입니다.

우리 교회뿐 아니라, 해외의 수많은 성도가 이러한 사실을 체험했지요. 결혼하여 수년이나 십여 년 이상, 또는 20년이 넘도록 아이를 갖지 못하고 병원에서 온갖 방법을 다 써 보아도 소용이 없던 부부들이 기도를 받은 후, 잉태하여 건강한 자녀를 낳은 경우는 이루 헤아릴 수 없을 정도로 많습니다.

일례로, 수년 전에 일본에 사는 한 부부가 부흥성회에 오셔서 제게 기도를 받은 후 질병을 치료받음은 물론, 잉태의 축복까지 받았지요. 그러한 사실이 주변에 전해지면서 일본에 계시는 수많은 분이 기도받기 위해 찾아오셨고, 그분들의 믿음대로 잉태의 축복을 받았습니다. 이를 계기로 성도들의 요청에 의해 그곳에 지교회가 세워지기도 했습니다.

## 불가능이 없으신 창조주 하나님

오늘날 의학이 발달했다지만 생명을 창조하는 것은 오직 생명의 주관자인 하나님의 능력으로만이 가능합니다. 뿐만 아니라 호흡이 끊어진 사람이나 병원에서 사형선고를 받은 사람을 살리며, 인간의 과학과 의학으로 어찌할 수 없는 수많은 불치병, 난치병이 하나님의 능력으로 깨끗이 치료되고 있습니다.

말씀으로 천지 만물을 창조하고 인간을 지으신 하나님께서 발하시는 근본의 소리만이 무에서 유를 창조해 내며, 불가능이 없는 권능의 역사를 펼쳐내지요. 로마서 1장 20절에 "창세로부터 그의 보이지 아니하는 것들 곧 그의 영원하신 능력과 신성이 그 만드신 만물에 분명히 보여 알게 되나니 그러므로 저희가 핑계치 못할지니라" 말씀한 대로 만물을 보아도 그 속에서 우리는 만물의 근본이신 창조주 하나님의 능력과 신성을 발견할 수 있습니다.

사람의 생각이나 지식을 가지고 하나님에 대해 깨닫고자 한다면 한계에 부딪힐 수밖에 없습니다. 그래서 많은 사람이 성경에 나오는 하나님 말씀을 믿지 못합니다. 또 믿는다면서도 성경 말씀을 백 퍼센트 믿지 못하는 사람이 많습니다. 이러한 사람들의 마음을 잘 아시기에 예수님께서는 가는 곳마다 수많은 권능의 역사로써 선포되는 말씀이 참임을 증거하셨습니다. "너희는 표적과 기사를 보지 못하면 도무지 믿지 아니하리라"(요 4:48)

오늘날에도 마찬가지입니다. 하나님께서는 능치 못할 것이 없는 분이십니다. 우리가 전능하신 하나님을 마음에서 믿고 전적으로 의뢰할 때에 어떠한 문제나 질병도 해결되는 것입니다.

태초에 "빛이 있으라" 하시며 천지 만물을 말씀으로 창조하신 하나님의 근본의 소리가 발하여질 때 눈먼 사람이 눈을 떠서 보며,

지팡이와 목발과 휠체어를 버리고 일어나 걷고 뛰는 역사가 일어나는 것입니다. 그러므로 모든 만물의 근본이신 하나님의 근본의 소리가 발하여질 때 오직 믿음으로 모든 간구와 소원에 응답받기를 바랍니다.

마랄라노 예펜 엠마누엘 (남, 24세 • 페루 리마)

# 에이즈! 그 죽음의 공포에서 벗어나

"후천성 면역 결핍증이군요." 2001년, 해병대 입대를 위해 병원을 찾았는데 뜻밖의 말을 들었다. 그것도 죽음의 병 에이즈…. 저주받은 기분이었다.

'설사가 잦았으나 대수롭지 않게 생각했는데….'

나는 그 자리에 주저앉아 허공만 바라볼 뿐이었다.

'나만 의지하고 살아온 불쌍한 어머니… 이 사실을 어떻게 말씀드려야 하나….'

내 처지도 고통스럽지만 나 때문에 가슴 아파할 어머니 생각에 가슴이 더 메어왔다. 그 뒤 설사가 더 잦고 입 안과 손톱에 곰팡이가 번졌다. 죽음의 공포는 그렇게 서서히 나를 죄어왔다.

그러던 중 2004년 12월, 한국에서 권능의 종이 이곳 페루에 온다는 소식을 들었다.

'설마 내 병은 안 되겠지….'

체념한 나에게 할머니는 극구 성회에 참석하기를 권했다. 결국 「2004 이재록 목사 초청 페루 연합대성회」가 열리는 깜뽀 데 마르데 광장을 찾아갔다. 마지막까지 '희망'의 줄을 잡고 싶었다.

말씀을 들을 때 이미 내 몸은 성령의 능력으로 전율했다. 이어지는 성령의 역사는 그야말로 기적의 파노라마였다.

이재록 목사가 일일이 개인에게 기도하는 것이 아니라 전체를 향해 손을 들어 기도해 주었을 뿐인데 수많은 사람이 치료됐다고 간증하는 모습을 보았다. 곳곳에서 목발과 휠체어를 버리고 벌떡벌떡 일어나는가 하면 갖가지 불치, 난치병이 치료되어 기뻐 어쩔 줄 몰라하는 사람들이 줄을 이었다.

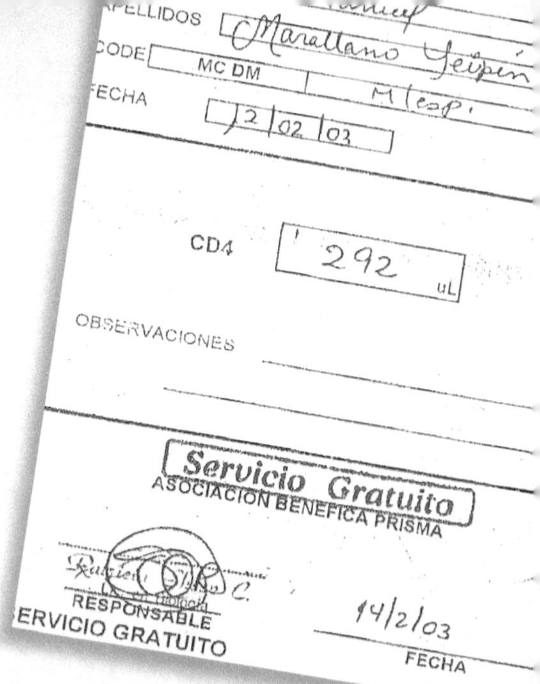
PELLIDOS Marallano Yeipin

CODE MC DM

FECHA 12 02 03

CD4 292 uL

OBSERVACIONES

Servicio Gratuito

ASOCIACION BENEFICA PRISMA

RESPONSABLE

ERVICIO GRATUITO

14/2/03

FECHA

나에게도 기적이 일어났다. 성회가 끝난 뒤 화장실에 갔는데 정말 오랜만에 정상적인 변을 보았다. 2개월 반 만에 설사가 멈췄고 몸이 그렇게 가벼울 수 없었다. 치료됐다는 확신이 들어 병원을 찾아갔다. 진단 결과, CD4 면역세포 수치가 현저히 증가해 정상인의 범주에 들어왔다는 것이다.

에이즈는 현대의 흑사병으로 불릴 만큼 매우 치명적인 질환이다. 에이즈 바이러스는 몸 안의 세포 중 대표적으로 CD4 면역세포를 지속적으로 파괴해 나간다. 결국 극도의 면역 저하로 무서운 합병증이 발생해 사망에 이른다.
그런데 그렇게 사멸되던 CD4 면역세포가 이재록 목사의 기도를 통해 현저히 회복되었다는 것은 참으로 놀라운 일이 아닐 수 없다.

-『희한한 능』 中에서-

# Chapter 2 하늘들

"
근본 하나님께서는
오늘날에도 넷째 하늘에 계시면서
첫째 하늘과 둘째 하늘, 셋째 하늘 등
모든 하늘을 지배하고 다스리십니다.
"

오직 주는 여호와시라
하늘과 하늘들의 하늘과 일월성신과 땅과 땅 위의 만물과
바다와 그 가운데 모든 것을 지으시고 다 보존하시오니
모든 천군이 주께 경배하나이다

---

느헤미야 9:6

하나님께서는 사람의 한계를 초월하고 영원 전부터 영원 후까지 계신 분입니다. 이러한 하나님께서 계신 세계는 사람이 사는 이 세상과는 전혀 다른 차원의 공간입니다. 사람이 사는 눈에 보이는 공간을 육의 세계라고 한다면 하나님께서 계신 눈에 보이지 않는 공간은 영의 세계이지요. 분명히 존재하는 영의 세계인데도 많은 사람이 영의 세계를 볼 수 없기 때문에 인정하지 않으려고 합니다.

과거에 어떤 우주 비행사는 "내가 우주를 여행해 보았지만 천국도 없고 하나님도 없더라." 했는데 얼마나 어리석은 말인지요. 사람의 눈에 보이는 우주가 전부라고 생각하는 것입니다. 그러나 우주에 대해 연구하는 과학자들조차도 광활한 우주의 크기에 대해 무한하다는 정도밖에 설명하지 못합니다. 하물며 비행사가 보고 온 우주가 얼마나 된다고 영의 세계인 천국과 하나님의 존재를 부인할 수 있겠습니까. 사람의 한계로는 우리가 사는 우주조차 다 밝혀낼 수 없습니다.

### 여러 개의 하늘

느헤미야 9장 6절을 보면 "오직 주는 여호와시라 하늘과 하늘들의 하늘과 일월성신과 땅과 땅 위의 만물과 바다와 그 가운데 모든 것을 지으시고 다 보존하시오니 모든 천군이 주께 경배하나이다" 했습니다. 바로 하나의 하늘이 아닌 여러 개의 하늘이 존재함을 암시하는 것입니다.

과연 하늘은 몇 개나 될까요? 천국이 존재한다는 사실을 믿는 사람이라면 일단 두 개의 하늘까지는 생각할 수 있을 것입니다. 우리가 사는 육의 세계의 하늘과 천국, 곧 영의 세계의 하늘이지요. 그런데 성경 곳곳에는 하늘을 표현할 때 둘만이 아니라 여러 개의 하늘이 존재함을 강조합니다.

"옛적 하늘들의 하늘을 타신 자에게 찬송하라 주께서 그 소리를 발하시니 웅장한 소리로다"(시 68:33)

"하나님이 참으로 땅에 거하시리이까 하늘과 하늘들의 하늘이라도 주를 용납지 못하겠거든 하물며 내가 건축한 이 전이오리이까"(왕상 8:27)

"내가 그리스도 안에 있는 한 사람을 아노니 십사 년 전에 그가 셋째 하늘에 이끌려간 자라"(고후 12:2)

사도 바울이 셋째 하늘에 이끌려갔다는 고백은 첫째 하늘, 둘째 하늘, 셋째 하늘 그 이상도 있을 수 있음과 여러 하늘이 존재함을 알려 주는 것입니다. 그런가 하면 스데반 집사는 "보라 하늘이 열리고 인자가 하나님 우편에 서신 것을 보노라"(행 7:56) 고백하였습니다. 이로써 사람이 영안이 열리면 영의 세계를 볼 수 있으며 천국이 존재함을 알 수 있습니다.

오늘날에는 과학자들도 하늘이 여럿임을 인정하지요. 한 예로, 최근 미국의 맥스 테그마크라는 저명한 물리학 교수가 소개한 "평행 우주론"만 보아도 여러 하늘이 있음을 뒷받침합니다.

"우주론적인 관측 결과 우리의 우주는 전체 우주의 일부분으로 세상에는 수많은 우주가 존재하며 이 우주들의 물리적 성격이 전혀 다를 수 있다."

우리가 사는 우주 외에도 다른 우주가 존재하는데 각각의 우주가 물리적 성격, 즉 시간과 공간적인 특징이 전혀 다를 수 있다는 것입니다. 물론 과학으로 영의 세계를 다 밝혀낼 수는 없지만, 과학적인 접근 방법으로도 우리가 사는 우주가 전부가 아님을 짐작할 수 있습니다.

### 지구가 속한 첫째 하늘과 에덴동산이 있는 둘째 하늘

여러 하늘은 크게 두 종류로 나눌 수 있습니다. 우리 눈에 보이지 않는 영의 세계의 하늘과 우리가 사는 육의 세계의 하늘이지요. 우리가 사는 우주, 곧 육의 세계의 하늘이 첫째 하늘이라면 둘째 하늘부터는 영의 세계에 속합니다. 둘째 하늘에는 에덴동산이 있는 빛의 영역과 악의 영들이 존재하는 어둠의 영역이 공존합니다.

에베소서 2장 2절에 공중의 권세 잡은 악한 영에 대해 나오는데 그들이 있는 곳이 바로 둘째 하늘에 속합니다. 창세기 3장 24절에는 하나님께서 둘째 하늘에 속한 에덴동산의 동편을 두루 도는 화염검과 그룹들로 지키게 하신 것이 나옵니다.

"하나님이 그 사람을 쫓아내시고 에덴동산 동편에 그룹들과 두루 도는 화염검을 두어 생명나무의 길을 지키게 하시니라"

그렇다면 왜 특별히 동편을 지키게 했을까요? 에덴동산의 동편은 악한 영의 세계와 빛이신 하나님께 속한 에덴동산의 경계선이기 때문입니다. 그래서 악한 영들이 침입해 들어와 생명나무 과일을 따먹고 영생할 수 있기 때문에 관리가 필요했던 것입니다.

아담이 선악과를 따먹기 전에는 하나님께서 아담에게 에덴동산과 첫째 하늘의 모든 만물을 다스리는 권세를 주셨습니다. 그러나 아담이 하나님 말씀에 불순종하여 선악과를 따먹음으로 결국 에덴동산에서 쫓겨나지요(창 2~3장). 그 후 생명나무가 있는 에덴동산을 지킬 다른 누군가가 필요했습니다. 그래서 두루 도는 화염검과 그룹들이 아담을 대신하여 지키게 된 것입니다.

### 생령인 첫 사람 아담이 살았던 에덴동산

창세기 2장을 보면 하나님께서 첫 사람 아담을 이 땅에서 흙으로 창조하신 뒤 동방의 에덴에 동산을 창설하시고 그곳으로 아담을 이끌어 들이셨지요. 아담은 하나님의 생기를 받아 생령으로 창조된 영적 존재이므로 그를 영의 공간에 속한 둘째 하늘에서 살아가도록 이끄신 것입니다.

또한 하나님께서는 아담으로 하여금 첫째 하늘에 속한 지구를 오가면서 만물을 정복하고 다스리도록 축복해 주셨습니다. 그런데 그가 하나님 말씀에 불순종하는 죄를 범한 후에는 영이 죽어 더 이상 영의 공간에서 살 수 없었기 때문에 에덴동산에서 지구로 쫓겨난 것입니다(창 3장).

이러한 사실을 알지 못하는 사람들은 에덴동산을 지구상에서 찾고자 애쓰고 있습니다. 에덴동산이 지구가 속한 육의 공간에 존재하는 것이 아니라 영의 공간인 둘째 하늘에 존재한다는 사실을 모르기 때문이지요.

세계 7대 불가사의 중 하나인 이집트 기자의 피라미드만 보더라도 사람이 건축했다고 보기 어려울 정도로 정교함과 웅장함이 매우 뛰어납니다. 세계 최대의 석조 건물로서 돌 하나의 무게가 평균 2.5톤이며 230만 개의 돌로 쌓아 올렸다는데 과연 어디에서 그런 석재가 나올 수 있겠습니까? 또 그 시대에 무슨 기구를 사용하여 그렇게 높이 쌓을 수 있었느냐 하는 의문이 제기됩니다.

그렇다면 피라미드는 과연 어떤 사람들이 만들었겠습니까? 이러한 의문점도 하늘들과 영의 공간에 대해 이해하고 나면 쉽게 풀립니다. 이에 대해서는 '창세기 강해 설교'에 자세히 설명되어 있으니 참조하시기 바랍니다. 그러면 불순종한 아담이 에덴동산에서 쫓겨난 뒤에는 그곳에 누가 살고 있을까요?

창세기 3장 16절을 보면 하나님께서 죄를 범한 하와에게 잉태하는 고통을 크게 더할 것을 알려 주셨습니다. 하와가 에덴동산에서 살면서 선악과를 따먹기 이전에도 출산을 했으며 약간의 고통이 따랐다는 증거이지요. 또한 창세기 1장 28절에는 아담과 하와가 에덴동산에 살면서 계속 생육하고 번성하여 자손을 낳았다는 사실이 기록되어 있습니다.

그러니 에덴동산에서 낳은 아담의 후손 또한 그 수를 헤아릴 수 없을 정도로 많습니다. 아담과 하와가 죄를 범하여 쫓겨난 뒤에도 그들은 계속 그곳에서 사는 것입니다. 단, 아담이 죄를 범하기 전에는 에덴동산의 사람들이 자유롭게 첫째 하늘에 속한 지구를 오갈 수 있었지만 아담이 쫓겨난 뒤에는 제약이 따르게 되었습니다.

우리가 사는 첫째 하늘과 둘째 하늘의 시간이나 공간의 개념은 전혀 다릅니다. 둘째 하늘에도 시간의 흐름이 존재하지만 우리가 사는 육의 세상과 같이 제한된 개념이 아닙니다. 에덴동산에서는 아무리 세월이 지나도 사람이 늙거나 죽는 일이 없고, 사물이 변질되거나 소멸되는 일이 없습니다. 오랜 시간이 지나도 에덴동산의 사람들은 별다른 차이를 느끼지 못하며 어찌 보면 정지된 시간 속에 살고 있는 것과 같은 느낌입니다. 공간 역시 에덴에서는 제약 없이 무한하게 펼쳐져 있습니다.

만약 첫째 하늘의 공간에서 사람들이 죽지 않고 계속 태어나기만 한다면 언젠가는 포화상태가 되어 버릴 것입니다. 그러나 둘째 하늘은 공간의 제약이 없기 때문에 아무리 인구가 불어나도 좁아지거나 가득 찰 걱정은 없습니다.

### 천국이 있는 셋째 하늘

영의 세계에 속한 하늘에는 둘째 하늘 외에도 천국이 있는 셋째 하늘이 있습니다. 구원받은 하나님의 자녀가 장차 영원히 살게 될 곳입니다. 주의 계시와 환상을 밝히 받은 사도 바울은 "그가 셋째 하늘에 이끌려간 자라 … 낙원으로 이끌려가서 말할 수 없는 말을 들었으니" 하며 셋째 하늘에 속한 낙원을 보았다고 했습니다(고후 12:2~4).

각 나라마다 대통령이 사는 수도가 있는가 하면 중소 도시와 시골이 있는 것처럼 하나님의 나라인 천국에도 가장자리라 할 수 있는 낙원부터 하나님의 보좌가 있는 새 예루살렘 성에 이르기까지 여러 처소로 구분되어 있습니다. 우리가 이 땅에 살면서 얼마나 하나님을 사랑하여 아름다운 진리의 마음을 이루었는지, 얼마나 잃어버린 하나님 형상을 되찾았는지에 따라 들어가는 처소가 달라지는 것입니다.

셋째 하늘은 둘째 하늘보다도 더욱 시간과 공간의 제약이 없는 영원한 시간과 공간을 지닌 곳입니다. 그래서 첫째 하늘에 사는 사람들의 제한적 사고로는 천국의 시간과 공간을 이해하기가 쉽지 않습니다. 예를 들면, 고무풍선에 바람을 불어넣기 전에는 풍선 자체의 좁은 면적과 부피가 있지만 얼마나 바람을 불어넣느냐에 따라 자유자재로 풍선의 면적과 부피가 변합니다.

천국의 공간도 마찬가지입니다. 만약 이 땅에서 집을 짓는다면 일정한 면적이 있어야 하고 그 안에 지을 수 있는 공간 역시 한계가 있습니다. 그러나 셋째 하늘의 공간에서는 면적이나 부피, 길이, 높이 등의 개념을 모두 초월하기 때문에 자유자재로 집을 지을 수 있습니다.

### 하나님의 처소인 넷째 하늘

영의 세계에 속한 하늘에는 에덴동산이 있는 둘째 하늘 외에도 천국이 있는 셋째 하늘, 그리고 넷째 하늘이 있습니다. 넷째 하늘은 태초의 하나님께서 공간을 분리하기 이전에 계시던 근본의 하늘을 의미합니다. 이곳에서는 시간이나 공간이라는 표현 자체가 무의미합니다. 시간과 공간을 초월하여 하나님께서 마음에 품기만 하셔도 즉시 이루어지는 곳이지요.

부활하신 주님께서는 유대인들을 두려워하여 문을 굳게 닫고 집 안에 숨어 있는 제자들에게 나타나셨습니다(요 20:19~29). 아무도 문을 열지 않았는데도 그들 가운데 나타나신 것입니다. 또 홀연히 갈릴리 해변에 있는 제자들에게 나타나 함께 식사하기도 하셨지요(요 21:1~14). 이렇게 사십 일 동안 이 땅에 계시다가 오백여 명이 보는 가운데 구름 속으로 승천하셨습니다.

하물며 근본 하나님께서 계시던 넷째 하늘의 공간은 어떻겠습니까. 태초에 소리를 머금은 빛으로 계시면서 모든 우주 공간을 품고 다스렸듯이 하나님께서는 오늘날에도 넷째 하늘에 계시면서 첫째 하늘과 둘째 하늘, 셋째 하늘 등 모든 하늘을 지배하고 다스리십니다.

### 능치 못할 일이 없으신 창조주 하나님

사람들은 창조주 하나님께서 다스리시는 광활하고 신비한 모든 하늘에 비하면 작은 점과 같이 제한된 공간 속에서 살아갑니다. 일생 동안 이런저런 복잡하고 어려운 일을 겪으며 풍족한 삶을 위해 아등바등 애씁니다. 모든 하늘을 지배하고 통찰하시는 하나님 편에서는 이 세상의 삶이 조금도 복잡할 것이 없고 어려울 것도 없지만 첫째 하늘에 속한 사람들에게는 그렇지 않은 것입니다.

개미로서는 도무지 옮길 수 없는 큰 짐이라도 사람이 손가락 하나만 움직이면 옮길 수 있고, 도무지 건널 수 없는 물웅덩이라도 사람은 간단히 해결해 줄 수 있습니다. 이같이 개미에게 어렵고 불가능한 일도 사람 편에서는 매우 쉬운 것처럼 전지전능한 하나님께서 도와주시면 어떠한 일도 문제될 것이 없지요.

구약 성경에는 하나님의 전지전능하심에 대한 증거가 많이 기록되어 있습니다. 홍해가 갈라지고 범람하던 요단강의 흐름이 멈추는가 하면, 해와 달이 멈추고 단단한 반석을 치니 물이 솟아나기도 했습니다. 아무리 부와 권세가 있는 사람이라도 어찌 바다를 가를 수 있고 해와 달을 멈출 수 있겠습니까. 그러나 사람으로서는 불가능하지만 하나님으로서는 전혀 어려울 것이 없습니다. "사람으로는 할 수 없으되 하나님으로는 그렇지 아니하니 하나님으로서는 다 하실 수 있느니라"(막 10:27)

신약 성경에도 하나님의 능력이 임하니 병들고 장애를 가진 사람이 온전케 되며 죽은 사람이 살아나는 일이 많이 나옵니다. 사도 바울의 몸에서 손수건이나 앞치마를 가져다가 병든 사람에게 얹으면 그 병이 떠나고 악귀도 나갔으며, 베드로의 그림자만 스쳐도 사람들이 치료받았음을 알 수 있습니다.

### 사람의 한계를 초월하는 전지전능하신 하나님

오늘날에도 하나님의 능력에 힘입을 수만 있다면 어떤 것도 문제될 것이 없습니다. 아무리 막막하고 불가능한 일이라도 어려울 것이 없지요. 그 같은 사실은 제가 시무하는 교회에서도 수없이 입증되고 있습니다. 예배를 통해 하나님 말씀을 듣고 기도를 받으면 에이즈(AIDS)를 비롯해 각종 불치, 난치병 등 과학이나 의학으로 치료될 수 없는 질병들이 치료되는 것입니다.

국내뿐 아니라 해외 성회에서도 수많은 사람이 성경에 기록된 대로 놀라운 치료의 역사를 직접 체험하고 목도하였으며 세계적인 방송 CNN을 통해 보도되기도 하였습니다. 그 외에도 제가 기도해 준 손수건을 가지고 믿음 있는 주의 종들이 기도를 해 줄 때 인종과 문화를 초월해 놀라운 치료의 역사가 나타납니다.

저 역시 창조주 하나님을 만난 뒤 인생의 어려운 문제가 순식간에 해결됐습니다. '병 창고'라 할 만큼 온몸이 성한 데가 없었고 가정의 화목은 깨져 한 가닥 희망의 빛조차 보이지 않았지만 하나님의 성전에 나가 무릎 꿇는 순간 모든 질병이 단번에 치료되었습니다. 또한 평생 갚지 못할 것 같던 많은 부채를 몇 개월 만에 갚을 수 있도록 물질의 축복을 받았고, 행복과 기쁨이 넘치는 가정으로 회복되었습니다. 무엇보다 하나님께 감사한 것은 주의 종으로 부르고 수많은 영혼을 구원할 수 있도록 권능까지 허락하신 일입니다.

오늘날 하나님을 믿는다지만 진정 믿음 가운데 사는 사람은 많지 않습니다. 문제가 생기면 하나님을 의지하기보다 사람을 의지하다가 해결되지 않으면 이내 절망하고 낙심합니다. 질병에 걸리면 처음에는 하나님께 의지하고 믿음으로 치료받겠다고 하지만 자신이 원하는 대로 빨리 응답이 오지 않으면 결국 병원을 의지하거나, 사업에 어려움이 오면 여기저기 사람을 찾아다니며 도와달라고 합니다.

또한 현실적인 어려움으로 하나님께 원망 불평하거나 믿음조차 잃어버리는 사람도 있습니다. 심지어 핍박받거나 정도를 걷기 때문에 손해가 될 것 같으면 마음이 흔들리고 충만함이 떨어지기도 합니다. 그러나 모든 하늘을 지으시고 무엇이나 가능케 하시는 전지전능한 하나님을 믿는다면 이런 모습을 보일 리 없습니다.

사람의 오장육부를 창조하신 하나님께서 무거운 질병이라 해서 고치지 못하시는 것이 아닙니다. 또한 "은도 내 것이요 금도 내 것이니라"(학 2:8) 하셨으니 사랑하는 자녀들을 부요케 못하시는 것이 결코 아닙니다. 하나님은 무엇이나 하실 수 있지만 사람 편에서 하나님을 믿지 못하기 때문에 좌절하고 낙심하며 진리에서 벗어나는 것이지요. 아무리 어려운 문제를 가졌다 해도 하나님을 마음 중심에서 의지하고 신뢰하는 사람은 능히 해결할 수 있습니다.

### 전지전능하신 창조주 하나님을 만나려면

열왕기하 5장에는 나아만이란 사람이 어떻게 하나님을 통해 문제를 해결받을 수 있었는지 알려 줍니다. 나아만은 아람 나라의 존귀한 군대 장관으로 큰 권세를 가졌지만 사람의 힘으로 어찌할 수 없는 문둥병(한센병, 나병)에 걸려 죽을 날만 기다리고 있었습니다.

하루는 이스라엘에서 잡혀온 어린 여자 하인을 통해 이스라엘의 선지자 엘리사가 행하는 하나님의 권능에 대해 듣게 되었지요. 그는 하나님을 믿지 않는 사람이지만 선한 마음을 가졌기 때문에 하인의 말이라도 무시하지 않았습니다. 그래서 엘리사를 만나기 위해 귀한 예물을 정성껏 준비하여 먼 길을 떠났습니다.

부푼 꿈을 안고 이스라엘에 도착했는데 뜻밖에도 엘리사는 나와 보지도 않습니다. 그를 반겨 맞아 주거나 손을 얹어 기도해 주기는커녕 단지 자기의 시종을 보내 요단강에 가서 일곱 번 몸을 씻으라고 전해 줄 뿐이었습니다. 처음에는 기분이 몹시 상했지만 그는 곧 마음을 돌이켰습니다. 엘리사의 말과 행동이 자기 생각과 맞지 않았지만 권능을 행하는 하나님의 선지자가 하는 말이니 그 말을 믿고 순종한 것입니다.

요단강에 들어가 일곱 번 몸을 담그고 나왔을 때 놀랍게도 문둥병이 깨끗하게 치료되었습니다. 여기서 나아만이 요단강에 일곱 번 몸을 담갔다는 것은 무슨 의미일까요? 물은 하나님 말씀입니다. 곧 물로 몸의 때를 씻어내는 것같이 하나님 말씀으로 마음의 더럽고 추한 것들을 씻어내면 죄를 용서받게 됨을 의미합니다. 일곱 번 몸을 담근 것은 일곱이 완전수이므로 온전히 죄를 용서받았음을 뜻하지요.

이처럼 첫째 하늘에 사는 사람이 전지전능하신 하나님으로부터 응답받으려면 무엇보다 먼저 죄를 용서받아 하나님과 교통할 수 있는 통로가 열려야 합니다. 이사야 59장 1~2절에 "여호와의 손이 짧아 구원치 못하심도 아니요 귀가 둔하여 듣지 못하심도 아니라 오직 너희 죄악이 너희와 너희 하나님 사이를 내었고 너희 죄가 그 얼굴을 가리워서 너희를 듣지 않으시게 함이니" 했습니다. 죄가 있을 때에는 그것이 담이 되어 하나님과 교통할 수 있는 통로가 막힘을 깨달아 우선 자신의 죄를 회개해야 합니다.

만일 하나님을 알지 못하고 예수 그리스도를 영접하지 않은 사람이라면 그동안 예수 그리스도를 영접하지 않은 것을 회개하고(요 16:9), 형제를 미워하는 자마다 살인하는 자라고 하셨으니(요일 3:15) 형제를 사랑하지 못한 것을 회개해야 합니다. 야고보서 4장 2~3절에는 "너희가 얻지 못함은 구하지 아니함이요 구하여도 받지 못함은 정욕으로 쓰려고 잘못 구함이니라" 했으니 욕심을 가지고 기도한 것도 회개해야 하고, 혹여 의심하며 기도했다면 이 역시 회개해야 합니다(약 1:6~7).

뿐만 아니라 하나님을 믿는다면서 말씀대로 행하지 않은 것이 있다면 철저히 통회자복해야 합니다. 단순히 말로만 "잘못했습니다." 하는 것이 아니라 눈물, 콧물을 흘리며 마음을 찢는 회개가 필요합니다. 또 무엇보다도 '이제는 하나님 말씀대로 살리라'는 결단과 행함이 있어야 참된 회개라 할 수 있습니다.

신명기 32장 39절을 보면 "이제는 나 곧 내가 그인 줄 알라 나와 함께하는 신이 없도다 내가 죽이기도 하며 살리기도 하며 상하게도 하며 낫게도 하나니 내 손에서 능히 건질 자 없도다" 했습니다. 이분이 바로 우리가 믿는 전지전능하신 하나님입니다.

모든 하늘과 그 안의 만물을 지으신 하나님께서는 우리의 모든 사정을 아시며 어떤 기도에도 응답할 능력이 있습니다. 사람이 아무리 좌절하고 낙심되는 현실에 처해도 하나님의 능력으로는 손바닥을 뒤집듯이 모든 상황을 반전시킬 수 있습니다. 그러므로 하나님만 의지하는 참된 믿음을 소유하여 어떤 마음의 소원이나 문제라도 응답받고 해결받기를 바랍니다.

비탈리 피쉬버그 (남, 34세 • 미국 뉴욕)

# 기적의 현장에서

나는 의대 4학년 시절 몰도바, 우크라이나, 러시아, 벨로루시 지역에서 유명한 의학 신문 '유어 패밀리 닥터'(Your Family Doctor) 신문사의 편집장을 역임하고 몰도바 의대를 졸업했다. 1997년, 미국으로 건너가 자연의학, 임상 영양학과 대체의학 박사학위를 취득한 후 여러 대학에서 교수로 일했다. 2006년, 뉴욕의 매디슨 스퀘어가든에서 대형 기독교 성회가 열린다는 소식을 들었다. 성회 홍보 전단지에 하나님의 권능을 소개하였는데, 성령의 강한 이끌림을 느낄 수 있었다. 나는 호기심 반, 기대 반으로 성회에 참석했다.

이재록 목사가 '예수가 왜 우리의 구세주가 되시는가'라는 메시지를 전한 후 전체 환자를 위해 기도했다.

**"주여! 주여! 주여! 역사하옵소서… 하나님 아버지, 만일 제가 지금 전한 말씀이 참이 아니라면 이 시간 이 종에게 아무런 권능도 행치 못하도록 역사해 주옵소서! 그러나 참이라면 살아 계신 하나님의 증거들을 이곳의 수많은 영혼이 보게 하옵소서… 걷지 못한 이들은 걸**

을지어다! 듣지 못하는 이들은 들을지어다! 각종 불치, 난치병들은 성령의 불로 태워 깨끗하고 강건하게 될지어다…."

'치료의 역사가 일어나지 않으면 어떡하려고, 어떻게 저런 기도를 담대히 할 수 있는가!' 신선한 충격에 휩싸인 나는 가슴을 졸이며 성회를 지켜보았다. 그런데 환자를 위한 기도가 끝나기도 전에 이미 놀라운 일들이 벌어지고 있었다. 악한 영에 눌려 고통받던 사람들에게서 귀신이 나가고, 벙어리가 말을 하고, 소경이 눈을 뜨고, 난청이 치료된 사람들이 잇달아 간증하였다. 휠체어와 목발을 버리고 일어나 걷는 사람들도 여기저기에서 볼 수 있었으며 에이즈(AIDS)를 치료받고 간증하는 사람도 있었다.

성회가 거듭될수록 하나님의 권능은 점점 크게 나타났다. 각국에서 온 WCDN(세계 기독의사 네트워크) 관련 의사들이 성회 장소에 간증 접수대를 마련했다. 간증자들의 치료 여부를 의학적으로 검증했는데 의사가 부족할 정도로 간증 행렬이 끊이지 않았다. 나 역시 간증을 접수하며 흥분을 감출 길이 없었다.

뉴욕 퀸즈에 거주하는 54세의 누비아 오아노라는 여인은 2003년 척추암 진단을 받고 누워 지내다시피 했다. 심한 고통으로 2시간에 한 번씩 모르핀 주사를 맞아야 할 정도였다. 의사는 다시 걸을 수 없을 거라고 말했다.

친구의 도움으로 성회에 참석한 누비아는 많은 사람이 치료되는 모습을 보고 믿음을 갖게 되었다. 그녀는 이재록 목사의 기도를 받을 때 온몸에 뜨거운 기운을 느꼈다. 따뜻한 느낌이 들면서 등을 마사지하는

: : 간증을 점검하는 세계 기독의사 네트워크(WCDN) 의사들

듯했다. 그 뒤 통증이 사라졌고 걸을 수 있을 뿐 아니라 허리도 숙일 수 있었다. 나중에 들은 이야기인데, 담당 의사는 누비아의 모습을 보고 도저히 걸을 수 없는 사람이 걷게 되었다며 놀라워했다. 그녀는 언제 어디가 아팠는지 모를 정도로 건강한 모습으로 걷고 뛰며, 스페인 사람들이 즐겨 추는 마랭게 춤도 신나게 출 수 있게 되었다.

브루클린에 거주하는 27세의 맥시밀리아 로드리게즈 양은 시력이 매우 나빠 14년간 콘택트렌즈를, 2년간 안경을 착용해야 사물을 볼 수 있었다. 그런데 뉴욕 연합대성회 마지막 날, 전체를 위한 기도를 받은 뒤 시력이 회복되었다. 안경 없이도 성경의 작은 글씨까지 읽을 수 있으며, 의사도 현저히 좋아진 시력을 확인했다. 2006년 7월, 뉴욕 연합대성회가 개최된 매디슨 스퀘어가든은 그야말로 기적의 현장이었다.

그곳에서 나는 하나님의 권능을 보며 형용할 수 없는 감동을 받았다. 그 권능은 의사인 나를 변화케 하기에 충분했다. 그날 나는 삶의 방향을 새롭게 조명했다. 하나님의 도구가 되어 그분의 역사를 의학적으로 증거하여 전 세계에 알리리라 결심하였다.

-『희한한 능』 中에서-

# 삼위일체 하나님

"분명히 우리가 믿는 하나님은 한 분이십니다. 그러나 동시에 성부, 성자, 성령 하나님으로서 세 분의 격을 지니고 계십니다."

그러므로 너희는 가서
모든 족속으로 제자를 삼아
아버지와 아들과 성령의 이름으로 세례를 주고

---

마태복음 28:19

삼위일체 하나님이란 성부, 성자, 성령 하나님이 한 분이심을 의미합니다. 우리가 믿는 하나님은 분명 한 분이지만 동시에 세 분의 격을 지니고 있습니다. 곧 아버지의 격인 성부 하나님, 아들의 격인 성자 예수 그리스도와 보혜사의 격인 성령님이십니다. 그러나 근본은 하나이기에 '성 삼위일체'라 표현하지요.

이는 기독교에서 매우 중요한 교리이지만 그 의미를 정확하고 구체적으로 설명할 수 있는 사람은 거의 없다시피 합니다. 창조주 하나님의 근본에 대한 분야로서 제한적인 사람의 사고와 이론으로는 깊고 비밀한 내용을 이해하기가 어렵기 때문입니다. 그렇지만 우리가 삼위일체 하나님에 대해 깨닫는 만큼 하나님의 마음과 뜻을 더욱 밝히 알고 깊은 교통함 가운데 응답과 축복을 받을 수 있습니다.

### 인간 경작을 위한 하나님의 섭리

하나님께서는 출애굽기 3장 14절에 "나는 스스로 있는 자니라" 말씀하셨습니다. 누가 낳거나 지은 것이 아니라 태초부터 스스로 계셨다는 말씀입니다. 피조물인 사람의 지각과 상상을 초월하여 시작도 없고 끝도 없으며 영원 전부터 영원 후까지 스스로 존재하시는 것이지요. 앞서 말씀드린 대로 하나님께서는 원래 광대한 공간 안에 홀로 소리를 머금은 빛으로 계셨습니다(요 1:1 ; 요일 1:5). 그런데 어느 때부터인가 사랑을 주고받을 수 있는 대상을 원하셨고, 참 자녀를 얻기 위한 인간 경작을 계획하십니다.

하나님께서는 인간 경작을 위해 가장 먼저 공간을 나누셨습니다. 영의 공간과 육의 몸을 입은 사람들이 살아갈 육의 공간을 나누신 것이지요. 그 후 삼위일체 하나님으로 존재하시는데 우리가 이해하기 쉽게 표현하면 근본 하나님으로부터 세 분의 격으로 곧 성부, 성자, 성령 하나님으로 존재하시게 된 것입니다.

성경에는 성자 하나님인 예수 그리스도가 하나님으로부터 나셨으며(행 13:33 ; 히 5:5), 성령님 역시 하나님으로부터 나왔다는 기록이 있습니다(요 15:26 ; 갈 4:6). 마치 분신을 만들어 내듯이 영이신 성부 하나님으로부터 성자 예수님과 성령님으로 존재하게 되신 것입니다. 그것은 인간 경작을 위한 필수 과정이었습니다.

성자 예수님과 성령님은 하나님께서 지으신 피조물이 아니라 하나님의 본체입니다. 근본 하나이시지만 인간 경작을 위해 독립적으로 존재하며 역할은 다르지만 마음도, 생각도, 능력도 하나이므로 '삼위일체 하나님'이라고 표현합니다.

### 삼위일체 하나님의 속성과 질서

성부 하나님과 마찬가지로 성자 예수님과 성령님께서도 전지전능하십니다. 또한 성부 하나님께서 느끼고 원하시는 것을 성자 예수님과 성령님께서도 동일하게 느끼고 원하시지요. 역으로, 성자 예수님과 성령님의 기쁨이나 고통을 성부 하나님께서도 그대로 느끼십니다. 그런데도 세 분은 각각 독립적 인격체로서 한 분 한 분의 성품이 구별되며 역할도 다릅니다.

분명 성부 하나님 마음을 그대로 받으셨지만 성자 예수님은 신성적인 면이 더 강하여 신적 위엄과 공의가 두드러집니다. 반면에 성령님은 인성적 면이 더 강하므로 자상하고 섬세하며 자비와 긍휼의 측면을 더 많이 갖고 계십니다.

이처럼 성자 하나님과 성령 하나님은 성부 하나님과 근본 하나이지만 독립적 인격체로서 성품이 구별될 뿐 아니라 뚜렷한 질서 가운데 각각의 역할이 다릅니다. 성부 하나님 다음이 성자 예수 그리스도이시며, 성령님은 그다음이 되어 성부, 성자 하나님을 사랑으로 섬기는 것입니다.

## 삼위일체 하나님의 역할

인간 경작을 위한 사역 또한 삼위일체 하나님께서 함께 이루어 가십니다. 삼위일체 하나님의 역할이 정확히 구분되지만 성경을 보면 인간 경작의 섭리에 중요한 시기에는 삼위일체 하나님이 함께하심을 알 수 있습니다.

한 예로, 첫 사람 아담을 창조하실 때 "우리의 형상을 따라 우리의 모양대로 우리가 사람을 만들고"(창 1:26)라고 함으로 삼위일체 하나님의 형상에 따라 세 분이 함께 창조하셨음을 알 수 있습니다. 또한 사람들이 바벨탑을 쌓을 때에도 삼위일체 하나님께서 친히 이 땅에 강림하셨습니다(창 11장). 사람들이 하나님과 같이 되고자 하는 마음에 바벨탑을 쌓으니 삼위일체 하나님께서 함께 민족과 언어를 나누신 것입니다.

창세기 11장 7절에 "우리가 내려가서 거기서 그들의 언어를 혼잡케 하여 그들로 서로 알아듣지 못하게 하자" 하십니다. 여기서 '우리'라는 표현은 1인칭 복수 대명사로 삼위일체 하나님께서 함께 행하심을 알 수 있습니다. 이처럼 삼위일체 하나님께서 함께 사역하실 때도 있지만 각각의 역할이 구분되어서 이를 감당함으로 인간의 창조에서부터 구원에 이르기까지 모든 경작의 섭리가 완성되는 것입니다. 과연 성부, 성자, 성령 삼위일체 하나님께서 담당하시는 역할은 구체적으로 무엇일까요?

### 구원의 길을 여시는 성자 예수님

성자 예수님의 역할은 구세주로서 죄인 된 인류를 위해 구원의 길을 열어 주시는 것입니다. 첫 사람 아담이 하나님께서 먹지 말라 금하신 선악과를 먹음으로 불순종하고, 이로 인해 죄가 들어와 구원이 필요한 존재가 되었기 때문입니다. '죄의 삯은 사망'(롬 6:23)이라는 영계의 법칙에 따라 아담의 후손인 모든 인류는 영원한 사망의 형벌을 받아 지옥 불에 떨어질 수밖에 없었습니다. 그런데 하나님의 아들인 예수님께서 우리를 대신하여 십자가에 달려 돌아가심으로 죄의 삯을 대신 지불해 주신 것입니다.

그렇다면 왜 성자 예수님이 모든 인류의 구세주가 되셔야 했을까요? 이 세상에 법이 있듯이 영계에도 법칙이 있으므로 아무나 구세주가 될 수 있는 것이 아닙니다. 구세주가 될 수 있는 자격을 갖추어야만 구원의 길을 열어 줄 수 있기 때문입니다. 과연 죄로 인해 사망에 이르게 된 모든 인류에게 구원의 길을 여시는 구세주가 되기 위해서 갖추어야 할 조건은 무엇일까요?

첫째는 사람이어야 합니다. 고린도전서 15장 21절에 "사망이 사람으로 말미암았으니 죽은 자의 부활도 사람으로 말미암는도다" 하신 대로 첫 사람 아담의 불순종으로 사망이 왔으니 죽었던 영이 살아나 구원에 이르는 것도 아담과 같은 사람으로 말미암아야 합니다.

둘째는 아담의 후예가 아니어야 합니다. 아담의 후예는 모두 원죄를 타고난 죄인이므로 모든 인류는 죄인을 구원할 구세주가 될 자격이 없습니다. 그러나 예수님께서는 성령으로 잉태되셨기 때문에 아담의 후예가 아니며 부모의 기를 통해 이어받은 원죄가 없습니다(마 1:18~21).

셋째는 영적 힘이 있어야 합니다. 죄인들을 원수 마귀에게서 되찾아 오려면 힘이 있어야 하는데 영적 힘은 죄가 없는 것입니다. 원죄가 없어야 함은 물론, 하나님 말씀대로 철저히 준행하여 흠도 티도 없는 사람이라야 구세주가 될 수 있습니다.

마지막으로, 사랑이 있어야 합니다. 앞의 세 가지 조건을 다 갖추었다 해도 죄인들을 위해 대신 죽어 줄 수 있는 사랑이 없다면 인류는 결코 구원받을 수 없습니다. 그러니 죄인 된 인류를 구원하기 위해서는 대신 사망의 형벌을 받을 수 있는 사랑이 있어야 합니다.

전에 세계적으로 인기를 얻었던 영화 〈패션 오브 크라이스트;

The Passion Of The Christ〉를 보면 예수님께서 우리를 위하여 고난을 받는 과정이 잘 나와 있습니다. 예수님께서는 채찍에 맞아 온몸이 찢기고 피가 낭자한 가운데 손과 발에 못 박히고 가시면류관을 쓴 채 십자가에 달려 운명하셨는데 창으로 옆구리를 찔려 물과 피를 다 쏟기까지 하셨습니다. 바로 우리의 허물과 죄, 그리고 모든 질병과 연약함을 대속하시기 위해 그러한 고통을 받은 것이지요(『십자가의 도』 책자 참조).

아담 이후 인류 가운데에는 구세주의 네 가지 자격 조건을 다 갖춘 사람이 하나도 없습니다. 무엇보다 아담의 후손인 모든 사람은 날 때부터 조상으로부터 원죄를 물려받고 태어나기 때문입니다. 또한 평생 한 번도 죄를 범하지 않는 사람은 아마 한 사람도 없을 것입니다. 자신도 감당치 못할 빚을 잔뜩 지고 있는 사람이 어떻게 남의 빚을 대신 갚아 줄 수 있겠습니까?

마찬가지로 원죄와 자범죄를 가진 인류는 다른 사람의 죄를 대속할 능력이 없는 것입니다. 이를 잘 아시는 하나님께서는 만세 전에 감추어진 비밀, 바로 성자 예수님을 예비하셨습니다.

예수님께서는 구세주의 모든 자격을 갖추신 분입니다. 사람의 몸을 입고 이 땅에 태어나셨지만 남자의 정자와 여자의 난자가 결합되어 난 것이 아닙니다. 동정녀 마리아의 몸 안에 성령으로 잉태되셨습니다. 아담의 후손이 아니니 원죄가 없고 하나님 말씀대로 온전히 준행하며 사셨기 때문에 자범죄도 없습니다.

이러한 예수님께서 죄인들을 사랑하여 십자가에 달려 주셨기 때문에 인류는 그 보혈의 공로로 죄를 용서받게 된 것입니다. 만약 예수님이 인류의 구세주가 되지 않으셨다면 아담 이후로 모든 사람은 다 지옥에 가야 하기 때문에 인간 경작의 목적이 달성될 수 없습니다. 천국에 갈 수 있는 사람이 아무도 없으니 하나님께서 사랑을 주고받을 참 자녀를 얻으실 수 없지요.

그래서 하나님께서는 인간 경작의 목적을 이루기 위해 구세주의 역할을 감당할 성자 예수님을 예비하셨습니다. 누구든지 아무 죄 없이 우리 대신 십자가에 달려 죽으신 예수님을 믿으면 모든 죄를 용서받고 하나님의 자녀 된 권세를 얻는 것입니다.

### 구원을 온전케 하시는 성령님의 역할

인간 경작에서 성령님의 역할은 사람들이 성자 예수님을 통해 얻은 구원을 온전케 하는 것입니다. 마치 아기가 태어나면 어머니가 아이를 먹이고 입히며 돌봐 주는 것과 같지요. 이처럼 성령께서는 예수 그리스도를 영접한 사람들에게 믿음을 주고 천국에 들어

가기까지 그 삶을 인도하십니다. 그래서 영을 무수히 분리하여 일하신다는 점이 특징이지요. 본체는 한 곳에 계실지라도 본체와 똑같은 마음과 능력을 가진 영이 무수히 분리됨으로써 전 세계 곳곳에서 동시에 사역을 이루시는 것입니다.

물론 성령님만이 아니라 성부 하나님, 성자 예수님도 그 영을 분리하실 수 있습니다. 마태복음 18장 20절에 "두세 사람이 내 이름으로 모인 곳에는 나도 그들 중에 있느니라" 하여 성자 예수님도 영이 분리될 수 있음을 알 수 있습니다. 수많은 사람이 서로 다른 장소에서 주의 이름으로 모이면 주님의 본체가 모든 장소마다 일일이 갈 수 없으므로 분리된 주님의 영이 곳곳에 임하십니다.

특별히 성령의 역할은 마치 어머니가 아이를 돌보듯이 우리 한 영혼 한 영혼을 자상하게 인도하는 것이며 누구든지 주님을 영접하면 성령의 영을 선물로 주십니다. 아무리 많은 사람이 주님을 영접해도 각자의 마음 안에 성령이 내주하실 수 있으며 이것을 '성령을 받았다'라고 말합니다. 성도의 마음에 내주하시는 성령께서는 구원받을 수 있는 영적 믿음을 주고, 그 믿음이 장성한 분량에 이르도록 이끄는 개인 교사 같은 역할을 하십니다.

하나님 말씀을 부지런히 배우고 그 말씀대로 마음을 변화시켜

나가며 계속해서 영적 성장을 할 수 있도록 인도하시는 것입니다. 그러므로 성령을 받으면 혈기 많던 사람이 온유한 사람으로, 미워하던 사람이 사랑하는 사람으로 바뀌어야 합니다. 시기, 질투하던 사람이 진리와 함께 기뻐하며, 교만하던 사람이 섬기는 사람, 겸손한 사람으로 변화되어야 하지요.

또한 자기 유익을 구하던 사람이 상대를 위해 죽기까지 희생해 줄 수 있는 사람으로 달라져야 합니다. 자신에게 악으로 대하는 사람에게도 악으로 대하지 않고 선으로 행하여 감동을 줄 수 있어야 합니다.

### 성령을 소멸치 말고 악은 모양이라도 버려야

만약 주님을 영접하고 수년 동안 신앙생활을 했는데도 예전의 비진리에 젖어 있던 모습과 별 차이가 없다면 성령이 심히 탄식하실 일이지요. 억울한 일을 당하면 속이 부글부글 끓어오르고 형제를 판단 정죄하며 상대의 허물을 전하는 사람이라면 자신의 죄로 인해 십자가에 달려 죽으신 주님 앞에 어떻게 얼굴을 들 수 있겠습니까?

더구나 집사 이상의 직분자이면서도 주변과 화평하지 못하거나 자신의 의 가운데 상대를 힘들게 하고 실족시킨다면 이 또한 성령께서 심히 애통해하실 일입니다. 그러니 주님을 영접하여 거듭

난 뒤로는 악은 모양이라도 버리고 날마다 믿음이 성장해 가야 합니다.

만일 주님을 영접한 후에도 여전히 세상의 죄 가운데 살고 사망에 이르는 죄를 지으면 마음에 임하신 성령이 떠나가고, 그 이름이 생명책에서 지워질 수도 있습니다. 출애굽기 32장 33절을 보면 "여호와께서 모세에게 이르시되 누구든지 내게 범죄하면 그는 내가 내 책에서 지워 버리리라" 하셨고, 요한계시록 3장 5절에는 "이기는 자는 이와 같이 흰옷을 입을 것이요 내가 그 이름을 생명책에서 반드시 흐리지 아니하고 그 이름을 내 아버지 앞과 그 천사들 앞에서 시인하리라" 하셨습니다. 성령받아 생명책에 이름이 기록되었다 해도 다시 지워질 수 있음을 말씀합니다.

또한 데살로니가전서 5장 19절에 "성령을 소멸치 말며" 권면하신 대로 구원받고 성령받은 사람이라 해도 진리 가운데 살지 않으면 성령이 소멸될 수 있음을 알아야 합니다.

성령께서는 하나님의 자녀가 어찌하든지 구원의 은혜에서 떨어지지 않도록 각 사람에게 부지런히 진리를 깨우쳐 주고 하나님 뜻대로 살도록 마음을 주관하십니다. 하나님이 창조주이시며, 예수가 우리의 구세주이시고 천국과 지옥이 있으며, 죄가 무엇인지, 의가 무엇인지, 또 심판이 있음을 알려 주십니다.

로마서 8장 26절에 "성령도 우리 연약함을 도우시나니 우리가 마땅히 빌 바를 알지 못하나 오직 성령이 말할 수 없는 탄식으로 우리를 위하여 친히 간구하시느니라" 하신 말씀처럼 우리를 위해 아버지 하나님 앞에 간구하시기도 하지요. 그래서 하나님의 자녀가 죄를 범할 때에는 애통해하며 회개하여 돌이킬 수 있도록 도와주십니다.

또한 성령의 감동 감화 충만함과 갖가지 은사를 주셔서 능히 죄를 버려 나갈 수 있는 힘을 주시고 하나님의 역사를 체험할 수 있도록 도와주는 역할을 하십니다. 그러므로 우리는 항상 더욱 깊은 성령의 역사를 구하고 사모해야 하겠습니다.

### 인간 경작의 총감독이신 성부 하나님

성부 하나님은 인간 경작이라는 거대한 계획의 총감독이며, 창조주요 주관자이며, 마지막 때의 심판자 역할을 하십니다. 성자 하나님, 곧 예수 그리스도께서는 죄인 된 인류를 위해 구원의 길을 여시고, 성령 하나님께서는 구원받은 이들이 참된 믿음을 갖고 온전한 구원에 이르기까지 그 구원을 완성해가는 역할을 하십니다. 이처럼 삼위일체 하나님의 사역이 하나가 되어 참 자녀를 얻기 위한 인간 경작의 섭리를 성취해 나가는 것입니다.

삼위일체 하나님의 역할은 질서 가운데 정확히 나뉘지만 결국 동시에 이루시는 것과 같습니다. 예를 들어, 예수님께서 이 땅에 오셨을 때 자신의 의사를 전혀 주장하지 않고 온전히 아버지 하나님의 뜻에 따라 사역하였으며 성령께서도 예수님이 동정녀 마리아에게 잉태되어 날 때부터 항상 예수님과 함께하며 도움을 주셨지요. 또한 예수님께서 십자가에 달리실 때 성부 하나님과 성령께서도 고통을 함께 느끼셨습니다.

마찬가지로 성령께서 이 땅의 영혼을 위해 애통해하고 간구하실 때 주님과 성부 하나님께서도 같은 마음으로 느끼고 애통해하십니다. 이렇게 매 순간 삼위일체 하나님이 한 마음 한 뜻으로 행하시며, 각자의 사역을 통해 희로애락을 함께 느끼므로 결국 하나로 사역을 이루시는 것입니다.

### 구원의 섭리를 완성하시는 삼위일체 하나님

인간 경작을 이루는 데에 성부, 성자, 성령, 삼위일체 하나님께서 하나가 되어 일하십니다. 그래서 요한일서 5장 8절을 보면 "증거하는 이가 셋이니 성령과 물과 피라 또한 이 셋이 합하여 하나이니라" 하셨습니다. 여기서 물은 영적으로 말씀이신 하나님의 사역을, 피는 십자가에 달려 피 흘리신 주님의 사역을 의미합니다. 이처럼 성령과 물과 피로 삼위일체 하나님이 하나 되어 사역함으로 믿는 자녀에게 구원받은 증거를 주십니다.

그러므로 우리가 신앙생활을 할 때에도 삼위일체 하나님의 역할을 분명히 알고 치우침이 없어야 합니다. 삼위일체 하나님을 모두 인정하고 믿을 때에 하나님을 믿고 구원받았다 할 수 있으며 비로소 '하나님을 안다' 할 수 있지요. 예를 들어, 우리가 기도할 때에도 예수 그리스도의 이름으로 기도하지만 응답은 결국 성부 하나님께서 주시는 것이며, 성령님은 응답받을 수 있도록 우리를 도와주십니다.

예수님께서도 "아버지와 아들과 성령의 이름으로 세례를 주고"(마 28:19) 하셨고, 사도 바울도 "주 예수 그리스도의 은혜와 하나님의 사랑과 성령의 교통하심이 너희 무리와 함께 있을지어다"(고후 13:13) 하여 삼위일체 하나님의 이름으로 축복한 것을 볼 수 있습니다. 그래서 주일 예배 때에도 반드시 성부 하나님의 사랑과 구세주이신 성자의 은혜, 그리고 성령의 감동 감화 교통 충만함을 입도록 하나님의 자녀에게 축도하는 것입니다.

## 삼위일체 하나님과 성령의 역사를 부인한다면

간혹 이러한 삼위일체 하나님을 인정하지 않는 사람들이 있습니다. 대표적인 예가 '여호와의 증인' 입니다. 이는 19세기에 미국에서 발생한 이단 종파로서 예수 그리스도의 신성을 인정하지 않습니다. 또한 성령의 인격성을 받아들이지 않는 등 삼위일체 하나님을 인정하지 않기 때문에 기독교에서는 '이단' 이라고 합니다.

성경에서는 예수 그리스도를 부인하고 임박한 멸망을 스스로 취하는 자들을 '이단' 이라 정의합니다(벧후 2:1). 이들은 겉으로는 기독교와 비슷한 면이 있지만 하나님의 뜻에서 벗어나 구원과는 전혀 상관이 없으므로 결코 미혹되어서는 안 됩니다.

오늘날 삼위일체 하나님을 인정한다면서도 성령의 역사를 부인하는 경우가 있습니다. 어떤 이는 하나님을 믿는다면서도 성경에서 말씀하시는 방언, 예언, 신유, 계시, 환상 등의 성령의 은사가 나타나는 것을 볼 때 "잘못 되었다."고 판단하거나 성령의 역사를 막으려고 합니다.

심지어 성령의 은사가 충만하게 나타나는 교회들을 판단하거나 정죄하기도 하지요. 그것은 하나님의 뜻에 전혀 합당하지 않으며 자칫하면 성령 모독, 훼방, 거역의 죄에 해당하여 구원받을 수도 없게 됩니다. 회개의 영이 임하지 않으니 회개조차 할 수 없습니다.

더구나 성령의 역사가 나타나는 교회나 주의 종을 정죄하는 것은, 삼위일체 하나님을 정죄하는 것이기 때문에 하나님을 대적하여 스스로 원수 되는 일입니다. 그러니 구원받고 성령을 받은 하나님의 자녀라면 성령의 역사를 꺼려할 것이 아니라 마땅히 사모하여 더 크게 체험해야 합니다. 더욱이 주의 종이라면 자신만 아니라 양 떼까지도 풍성한 성령의 역사 속에 충만하게 신앙생활 할 수 있도록 인도해야 합니다.

고린도전서 4장 20절에 "하나님의 나라는 말에 있지 아니하고 오직 능력에 있음이라" 하셨습니다. 능력을 나타내지 않고 지식으로나 형식적으로 양 떼를 가르치는 것은 눈먼 사람이 눈먼 사람을 인도하는 것과 같습니다. 진리를 바로 가르칠 뿐 아니라 성령의 능력을 나타내며 하나님의 살아 계신 증거를 직접 체험케 할 수 있어야 하지요.

흔히 오늘날을 성령의 시대라 합니다. 성령의 주도적인 역할 속에 인간을 경작하시는 삼위일체 하나님의 은혜와 축복이 우리에게 풍성히 임하는 시대이기 때문입니다.

요한복음 14장 16~17절에 "내가 아버지께 구하겠으니 그가 또

다른 보혜사를 너희에게 주사 영원토록 너희와 함께 있게 하시리니 저는 진리의 영이라 세상은 능히 저를 받지 못하나니 이는 저를 보지도 못하고 알지도 못함이라 그러나 너희는 저를 아나니 저는 너희와 함께 거하심이요 또 너희 속에 계시겠음이라" 하셨습니다.

이처럼 주님께서 구원 사역을 완성하고 부활 승천하신 뒤 인간 경작의 임무를 이어받은 성령께서는 예수 그리스도를 영접한 모든 사람과 함께하며 각 사람을 진리로 인도하십니다. 더욱이 오늘날 같이 죄악이 가득 차고 어둠이 짙어질수록 하나님을 중심으로 찾는 사람들에게는 만나 주시고 불같은 성령의 역사를 베풀어 주십니다. 따라서 성부, 성자, 성령 삼위일체 하나님의 역사 속에 참된 하나님의 자녀가 되어 기도하는 것마다 응답받으며 온전한 구원에 이르기 바랍니다.

# 첫째 하늘에서 둘째 하늘의 문이 열려 발생한 일들

첫째 하늘은 우리가 살고 있는 육의 공간입니다.
둘째 하늘에는 빛의 영역인 에덴과 어둠의 영역이 있습니다.
셋째 하늘에는 우리가 영원히 살게 될 천국이 있습니다.
넷째 하늘은 근본 하나님의 공간으로서, 삼위일체 하나님을 위한 곳입니다.

이러한 '하늘들'은 엄밀히 구분되지만, 각각의 공간은 밀접하게 맞닿아 있습니다. 그래서 때에 따라 우리가 살고 있는 첫째 하늘의 공간에 둘째 하늘의 공간의 문이 열리기도 합니다.
때론 셋째 하늘, 넷째 하늘의 공간이 열릴 수도 있습니다.

우리가 사는 첫째 하늘에서 둘째 하늘의 일이 발생한 기록은 성경 곳곳에서 찾을 수 있습니다.
둘째 하늘의 공간의 문이 열려서 에덴동산에 있던 물체가 첫째 하늘의 공간으로 나온다면 첫째 하늘에 있는 사람의 눈으로 볼 수 있고 만질 수 있습니다.

### ∷ 소돔과 고모라의 불의 심판

창세기 19장 24절에 "여호와께서 하늘 곧 여호와에게로서 유황과 불을 비같이 소돔과 고모라에 내리사"라고 했습니다. 여기서 '하늘 곧 여호와에게로서'라고 한 것은 하나님께서 둘째 하늘의 공간의 문을 여시고 그곳에 있는 유황과 불을 내리셨다는 의미입니다.

엘리야가 갈멜산에서 850명의 이방 선지자들과 불의 응답의 대결을 벌였을 때에도 마찬가지입니다. 열왕기상 18장 37~38절에 "여호와여 내게 응답하옵소서 내게 응답하옵소서 이 백성으로 주 여호와는 하나님이신 것과 주는 저희의 마음으로 돌이키게 하시는 것을 알게 하옵소서 하매 이에 여호와의 불이 내려서 번제물과 나무와 돌과 흙을 태우고 또 도랑의 물을 핥은지라" 했습니다. 이처럼 둘째 하늘의 불은 첫째 하늘의 것을 직접 태우고 사를 수 있습니다.

## :: 동방박사들을 인도한 별

마태복음 2장 9절에 "박사들이 왕의 말을 듣고 갈새 동방에서 보던 그 별이 문득 앞서 인도하여 가다가 아기 있는 곳 위에 머물러 섰는지라" 했습니다.

둘째 하늘의 별이 나타나 동방박사들의 보조에 맞춰 가다 서다를 반복했고, 목적지에 다다랐을 때에는 멈춰 섰습니다.

만약 이 별이 첫째 하늘의 별이라면 천체의 질서를 깨트려 엄청난 문제가 발생했을 것입니다. 첫째 하늘의 별들은 설정된 경로대로 질서 있게 운행하기 때문입니다. 그러므로 당시 박사들을 인도한 별은 첫째 하늘의 별이 아님을 알 수 있습니다.

하나님께서는 둘째 하늘의 별을 움직이심으로 첫째 하늘에는 어떤 영향도 주지 않았고, 별이 움직이는 둘째 하늘의 공간을 열어서 박사들의 눈에 보이게 하신 것입니다.

## :: 이스라엘 백성이 광야에서 먹었던 만나

출애굽기 16장 4절에 "때에 여호와께서 모세에게 이르시되 보라 내가 너희를 위하여 하늘에서 양식을 비같이 내리리니 백성이 나가서 일용할 것을 날마다 거둘 것이라 이같이 하여 그들이 나의 율법을 준행하나 아니하나 내가 시험하리라" 했습니다.

하나님께서는 '하늘에서 양식을 비같이 내리겠다' 하신 대로, 이스라엘 백성이 광야에 사는 40년 동안 만나를 양식으로 주셨습니다. 만나의 모양은 깟씨같이 둥그렇게 생겼고, 맛은 꿀 섞은 과자 같았습니다. 이처럼 성경 곳곳에는 둘째 하늘의 공간의 문이 열려 일어났던 일에 대한 기록이 나옵니다.

# Chapter 4 공의

"

하나님의 공의를 정확히 알고 행할 때에
어떠한 문제라도 해결할 수 있고
응답과 축복을 끌어내릴 수 있습니다.

"

네 의를 빛같이 나타내시며
네 공의를 정오의 빛같이 하시리로다

---

시편 37:6

사람이 자신의 힘과 능력으로는 도저히 해결할 수 없는 문제라도 하나님께서 마음에 품기만 하면 순간에 해결될 수 있습니다. 예를 들어, 초등학생이 끙끙대며 풀려고 하는 산수 문제가 대학생에게는 아무것도 아닌 것처럼 하나님께서는 모든 하늘의 주관자로서 전혀 불가능이 없습니다. 이처럼 전지전능하신 하나님의 능력을 확실히 체험하기 위해서는 하나님께 응답받을 수 있는 방법을 알아 그대로 행해야 합니다. 바로 하나님의 공의를 정확히 알고 행할 때에 어떠한 문제라도 해결할 수 있고 응답과 축복을 끌어내릴 수 있습니다.

### 하나님의 공의

'공의'란 하나님께서 정해 놓으신 법칙과 그에 따라 정확하게 집행하는 것을 의미합니다. 이해하기 쉽게 원인과 결과에 대한 법칙이라고도 하지요. 어떤 원인에는 어떤 결과가 나온다는 법칙이 이미 정해져 있어서 그대로 이루어집니다. 세상에도 '뿌린 대로 거둔다', '콩 심은 데 콩 나고, 팥 심은 데 팥 난다'라는 속담이 있는데, 하나님의 진리 안에서는 그러한 공의의 법칙이 더욱 확실합니다.

성경에는 "구하라 그러면 너희에게 주실 것이요 찾으라 그러면 찾을 것이요 문을 두드리라 그러면 너희에게 열릴 것이니"(마 7:7), "사람이 무엇으로 심든지 그대로 거두리라"(갈 6:7), '적게 심는 자는 적게 거두고 많이 심는 자는 많이 거둔다'(고후 9:6) 등 공의의 법칙이 많이 나옵니다. 또한 '죄의 삯은 사망'(롬 6:23), '교만은 패망의 선봉'(잠 16:18), "욕심이 잉태한즉 죄를 낳고 죄가 장성한즉 사망을 낳느니라"(약 1:15) 등 죄와 그 결과에 대한 공의의 법칙도 잘 나와 있습니다.

이 외에도 세상 사람이 볼 때에는 이해되지 않는 공의의 법칙이 많습니다. 예를 들면, '섬기는 자가 큰 자'(마 23:11)라든가 '목숨을 얻고자 하면 잃고 잃고자 하면 얻는다'(마 10:39), '주는 것이 받는 것보다 복이 있다'(행 20:35) 등이 있는데 세상 사람들의 생각으로는 전혀 이해되지 않을 뿐 아니라 틀리다고 생각하기도 하지요. 하지만 하나님 말씀은 틀림이 없고 변하지 않습니다. 세상에서 말하는 진리는 세월이 지남에 따라 변하지만 성경에 기록된 하나님 말씀, 곧 공의의 법칙은 반드시 그대로 이루어집니다.

그러므로 하나님의 공의를 정확히 깨달을 수 있다면 설령 어떤 문제가 발생하더라도 그에 대한 원인을 찾아 해결할 수 있고, 마음의 소원도 신속하게 응답받을 수 있습니다. 예컨대, 질병에 걸렸다면 그것이 왜 오는지, 물질의 어려움을 겪는다면 왜 축복받지 못하는지, 가정이 화목하지 못하다면 그 원인이 무엇인지, 시험에 들거나 은혜가 떨어졌다면 왜 그렇게 되는지도 성경에는 잘 나와 있습니다.

이처럼 성경에 담긴 하나님 공의의 법칙만 깨닫는다면 무엇이든지 구하는 대로 응답받고 축복받을 수 있습니다. 하나님께서는 스스로 정하신 공의의 법칙을 반드시 지키는 신실한 분이기 때문에 그대로 행하면 당연히 응답받고 축복받습니다.

### 스스로도 어그러짐 없이 공의를 지키시는 하나님

하나님께서는 창조주이며 모든 것의 주관자인데도 스스로 공의의 법칙에서 전혀 벗어나지 않으십니다. "내가 만든 법칙이니까 나는 안 지켜도 괜찮다." 하는 것이 아니라 한 지 오자도 없이 모든 것을 공의에 맞게 정확하게 역사하십니다. 하나님의 아들인 예수님께서 이 땅에 오셔서 십자가에 달려 돌아가신 것도 공의의 법칙에 따라 정확하게 우리의 죄를 속량하기 위한 것입니다.

어떤 이는 "하나님께서 원수 마귀 사단을 다 멸하시고 그냥 모든 사람을 구원해 주면 되지 않습니까?" 말하지만 결코 그렇게 하시는 분이 아닙니다. 하나님께서는 태초에 인간 경작을 계획하면서 공의의 법칙을 정해 놓으셨고, 스스로도 어그러짐 없이 그것을 지키시는 분이기에 독생자 아들까지 내주는 희생으로 우리에게 구원의 길을 열어 주신 것입니다.

그러므로 우리가 구원받아 천국에 가는 것도 단지 "주여, 믿습니다." 하며 대충 신앙생활을 한다고 해서 되는 것이 아니라 하나님께서 정해 놓으신 구원의 테두리 안에 들어와야 합니다. 공의의 법칙에 따라 예수님을 구세주로 믿으며 하나님 말씀에 순종해야 온전한 구원에 이를 수 있습니다.

이 밖에도 성경 곳곳에는 정해진 영계의 법칙대로 정확히 이루어 가시는 하나님의 공의가 잘 나타나 있습니다. 그것을 분명히 깨달으면 죄의 문제를 해결하거나 응답받고 축복받는 것이 너무나 쉽습니다. 예를 들어, 마음의 소원을 응답받고 싶다면 어떻게 해야 할까요?

시편 37편 4절에 "또 여호와를 기뻐하라 저가 네 마음의 소원을 이루어 주시리로다" 하신 대로 하나님을 기쁘시게 하면 됩니다. 하나님을 기쁘시게 하는 방법 또한 성경 곳곳에서 찾을 수 있습니다.

히브리서 11장 6절에 "믿음이 없이는 기쁘시게 못하나니" 하셨으니 믿음으로 기쁘시게 할 수 있으며, 하나님 말씀을 믿음으로 죄를 버리고 성결된 만큼 하나님을 기쁘시게 할 수 있습니다. 또한 일천번제를 드린 솔로몬 왕처럼 하나님을 감동시킬 만한 정성과 예물로 기쁘시게 할 수 있으며, 하나님 나라를 위해 충성하는 것 등 그 외에도 많은 방법이 있습니다.

그러므로 하나님 말씀을 듣고 읽으며 배우는 것 또한 공의의 법칙을 깨달아가는 방법임을 알아 오직 그 법칙대로 행하며 하나님을 기쁘시게 하면 모든 마음의 소원을 응답받아 영광 돌릴 수 있습니다.

### 하나님의 공의의 법칙대로 행하니

저는 주님을 영접하고 하나님의 공의를 깨달은 뒤 신앙생활 하는 것이 무척 재미있었습니다. 공의의 법칙대로 행하니 하나님의 사랑과 물질의 축복을 받을 수 있었기 때문입니다. 그런가 하면 하나님 말씀 안에 살면 질병과 재앙으로부터 지켜 주신다고 하셨으므로 오직 믿음대로 살아온 저와 가족은 주님을 영접한 이후 지금까지 병원 치료나 약 한번 먹지 않을 만큼 건강하게 살아왔습니다.

심은 대로 거두게 하시는 하나님의 공의의 법칙을 믿으므로 가난한 생활 속에서도 하나님 앞에 심는 것을 즐겨하였지요. 어떤 사람은 "나는 가난해서 하나님 앞에 못 드립니다."라고 말하지만 저는 가난했기 때문에 더욱 열심히 심었습니다. 고린도후서 9장 7절에 "각각 그 마음에 정한 대로 할 것이요 인색함으로나 억지로 하지 말지니 하나님은 즐겨 내는 자를 사랑하시느니라"는 말씀처럼 하나님 앞에 나올 때 빈손으로 나온 적이 없었습니다.

없는 가운데도 늘 기쁨과 감사로써 하나님 앞에 즐겨 예물을 드렸더니 가난한 삶이 이내 풍성한 삶으로 바뀌었습니다. 믿음으로 하늘나라에 심는 것은 누르고 흔들어 넘치도록 주시며 30배, 60배, 100배로 채워 주시는 하나님의 공의를 알았기 때문에 기쁨으로 심을 수 있는 것입니다. 그 결과 7년 동안 투병 중에 생긴 수많은 빚도 금세 다 갚을 수 있었고, 지금까지 무엇 하나 부족할 것 없는 축복 속에 살고 있습니다.

또한 악은 모양도 없는 성결한 사람에게 권능을 주어 사용하시는 하나님의 공의의 법칙을 깨달았기 때문에 불같은 기도와 금식으로 악을 버려나갔더니 권능을 받을 수 있었습니다. 힘든 연단을 인내로 통과하며 하나님께서 원하시는 사랑과 공의의 차원을 이루었기 때문에 오늘날 놀라운 권능이 나타나는 것입니다. 하나님께서 무조건 권능을 주신 것이 아닙니다. 정확한 공의의 법칙에 따라 주셨기 때문에 원수 마귀 사단이 송사하지 못하는 것입니다.

이 밖에도 저는 성경에 기록된 하나님의 말씀을 그대로 믿고 행하였기 때문에 성경에 나타난 수많은 역사와 축복을 그대로 체험할 수 있었습니다. 그것은 저에게만 해당하는 것이 아닙니다. 누구든지 성경에 기록된 하나님의 공의의 법칙을 찾아 그대로 행한다면 하나님께서 말씀하신 축복을 동일하게 받을 수 있습니다.

## 공의의 양면성

흔히 사람들은 공의는 무섭고 두려우며 징계와 형벌이 따르는 것으로 생각합니다. 물론 공의가 있기 때문에 죄와 악에는 당연히 무섭고 두려운 형벌의 결과가 따르지만 이는 응답과 축복을 가져다주는 열쇠이기도 합니다. 공의에는 마치 동전의 양면과 같은 성질이 있어서 어둠 가운데 사는 사람에게는 무서운 것이지만, 빛 가운데 사는 사람에게는 매우 좋은 것입니다. 칼을 강도가 들었을 때에는 흉기가 되지만, 어머니가 들었을 때에는 사랑하는 가족을 위해 맛있는 요리를 만드는 도구인 것과 같습니다.

따라서 하나님의 공의는 어떤 사람에게 적용되느냐에 따라 때로는 무섭고 두려운 것으로 다가오고 때로는 기쁘고 행복한 것으로 다가옵니다. 우리가 공의의 양면성을 알면 공의는 사랑이 있음으로 완성되고 하나님의 사랑 역시 공의가 있음으로 완성됨을 깨우칠 수 있습니다. 공의가 없는 사랑은 참사랑이 아니며, 사랑이 없는 공의 역시 참된 공의라 할 수 없기 때문입니다.

예를 들어, 자녀가 자꾸 나쁜 길로 빗나가서 잘못할 때마다 무조건 벌을 준다면 과연 어떻게 될까요? 반대로 자녀가 나쁜 길로 가는데도 무조건 오냐 오냐 하며 끝까지 응석을 받아 준다면 어떻게 되겠습니까? 두 경우 모두 자녀를 잘못된 길로 이끌고 말 것입니다.

그러므로 공의에 따라 잘못한 것에 대해서는 벌을 주며 때로 엄하게 다스려야 할 경우도 있지만, 무조건 공의를 내세우면 안 됩니다. 기회를 주어서 진정으로 돌이키는 경우에는 용서와 자비로써 사랑을 베풀어야 합니다. 그렇다고 사랑만 내세워서도 안 되며 공의에 따른 징계를 통해서라도 자녀가 바른 길로 돌이킬 수 있도록 해야 합니다.

마태복음 18장 22절에 '일흔 번씩 일곱 번이라도 할지니라' 하신 말씀처럼 하나님께서는 무한대 용서의 사랑을 말씀하시지만, 동시에 히브리서 12장 6절에 "주께서 그 사랑하시는 자를 징계하시고 그의 받으시는 아들마다 채찍질하심이니라" 하신 것같이 참

사랑에는 때로 징계가 따른다는 공의에 대해서도 말씀합니다. 이러한 사랑과 공의의 관계를 깨달으면 결국 사랑 안에서 공의가 온전케 되며 공의를 궁구하면 할수록 그 안에 깊은 사랑이 담겨 있음을 깨우칩니다.

## 수준이 다른 공의의 차원

이러한 공의는 각각의 하늘에 따라 차이가 있습니다. 즉 첫째, 둘째, 셋째, 넷째 하늘의 차원으로 올라갈수록 공의의 차원도 더 깊고 넓어지는 등 저마다 해당하는 공의 속에서 여러 하늘이 정확한 질서 가운데 유지되는 것입니다. 이처럼 공의의 차원에 차이가 나는 것은 각각 하늘마다 사랑의 차원이 다르기 때문이지요. 사랑과 공의는 떼려야 뗄 수 없으며 사랑의 차원이 깊어질수록 공의의 차원도 깊어집니다.

우리가 성경을 읽다 보면 구약 시대와 신약 시대의 공의가 차이가 나는 것처럼 느껴집니다. 예를 들어, 구약 성경에서는 '눈에는 눈, 이에는 이'라고 하는 보복의 원리가 정확히 적용되었는데 신약 성경에서는 '원수라도 사랑하라' 말씀합니다. 보복의 원리가 깨지고 용서와 사랑의 원리가 적용되지요. 그렇다면 하나님의 뜻이 각각 다른 것일까요?

영이신 하나님께서는 영원히 변함이 없는 분이니 구약이나 신약이나 그 안에 담긴 마음과 뜻은 똑같습니다. 다만 그것을 받는 편에서 얼마나 사랑을 이루었느냐에 따라 똑같은 공의라도 적용되는 수준이 다른 것입니다. 예수님께서 이 땅에 구세주로 오셔서 사랑으로 율법을 완성하기 전까지는 사람들이 깨달을 수 있는 사랑의 수준이 매우 낮은 차원이었습니다.

만일 이들에게 원수까지라도 사랑하라는 지극히 높은 차원의 공의를 적용시키면 도저히 감당할 수 없지요. 그래서 구약 시대에는 그들의 수준에 맞게 '눈에는 눈, 이에는 이'라고 하는 낮은 차원의 공의의 법칙을 적용하며 질서를 세우신 것입니다. 하지만 예수님께서 이 땅에 오셔서 죄인인 우리를 위해 생명까지 내주는 사랑으로 율법을 완성하신 뒤에는 하나님께서 요구하시는 공의의 수준이 높아졌습니다.

이미 예수님을 통해 원수도 사랑하는 사랑의 차원을 보았기 때문에 더 이상 구약 시대처럼 '눈에는 눈, 이에는 이'라는 보복 원리가 적용되는 것이 아니라 용서와 긍휼이 적용되는 공의의 차원을 요구하신 것입니다. 물론 구약 시대에도 하나님께서 진정 원하시는 것은 용서와 긍휼이었지만 이를 받는 사람 편에서 아직 깨달을 수 없었습니다.

이렇게 구약과 신약의 사랑과 공의의 차원에 차이가 나는 것처럼 각 하늘의 사랑의 차원에 따라 공의의 차원이 달라집니다. 예를 들어, 간음하다 현장에서 붙잡힌 여인을 보고 첫째 하늘의 낮은 차원의 공의를 가진 사람들은 당장 돌로 쳐서 죽여야 한다고 하였지만, 가장 높은 넷째 하늘의 공의를 가진 예수님께서는 "나도 너를 정죄하지 아니하노니 가서 다시는 죄를 범치 말라"(요 8:11) 하며 공의에 담긴 참사랑을 보여 주신 것입니다.

그러므로 공의는 결국 우리의 마음에 있으며 얼마나 마음을 사랑으로 채우고 영으로 일구느냐에 따라 저마다 느끼는 차원 역시 다릅니다. 때로는 낮은 차원의 공의를 가진 사람이 높은 차원의 공의가 이해되지 않을 수도 있습니다. 육의 사람은 하나님께서 행하시는 일들을 온전히 이해할 수 없기 때문입니다. 사랑과 영의 마음으로 온전히 일군 사람만이 정확하게 하나님의 공의를 깨닫고 적용해 나갈 수 있습니다.

하지만 더 높은 차원의 공의를 적용한다 해서 그것이 낮은 차원의 공의를 무시하고 그 법칙에 위배되게 행하는 것은 아닙니다. 예수님께서는 넷째 하늘의 공의를 소유하셨음에도 이 땅의 공의의 법칙을 무시하지 않았습니다. 바로 첫째 하늘의 공의의 법칙 테두리 안에서 셋째 하늘 이상의 공의를 펼친 것입니다.

마찬가지로 우리가 첫째 하늘에 사는 동안에는 첫째 하늘에 적용되는 공의에서 벗어나서는 안 됩니다. 물론 사랑의 차원이 깊을수록 공의의 폭과 깊이도 달라지지만 기본적인 틀만은 변함이 없기 때문에 공의의 법칙을 올바로 깨달아야 합니다.

## 공의의 기본법칙은 믿음과 순종

우리가 응답받기 위해서는 어떻게 공의의 법칙에 맞게 준비해야 할까요? 선과 겸비함 등 많은 응답의 법칙이 있지만 가장 기본적인 두 가지 법칙은 바로 믿음과 순종입니다. 하나님 말씀을 믿고 그대로 순종할 때 응답받는 것이 바로 공의의 법칙이기 때문입니다.

마태복음 8장에 나오는 백부장에게는 하인의 병을 위해 지배국인 로마 군대의 백부장이라는 신분을 벗고 예수님 앞에 나오는 겸비함이 있었습니다. 또한 하인의 병을 위해 자신이 직접 나오는 선의 마음도 있었지요. 무엇보다 그가 응답받을 수 있던 까닭은 믿음이 있었기 때문입니다. 백부장이 예수님 앞에 나오기까지에는 사람들로부터 예수님에 대한 여러 소문을 들었을 것입니다. 눈먼 사람이 눈을 뜨고 말 못하는 사람이 말을 하며 갖가지 병 든 사람이 예수님께만 나가면 깨끗이 치료된다는 소문이지요.

그러한 소문을 들은 백부장은 예수님을 신뢰하고 '나도 그분 앞에만 나가면 응답받을 수 있겠구나!' 하는 믿음을 가지게 된 것입니다. 그래서 예수님 앞에 가서 "다만 말씀으로만 하옵소서 그러면 내 하인이 낫겠삽나이다"(마 8:8)라는 믿음의 고백을 할 수 있었습니다. 이처럼 백부장이 할 수 있었던 것은 예수님에 대해 들려오는 소문을 듣고 전적으로 신뢰했기 때문입니다.

우리도 그러한 믿음을 소유하려면 먼저 하나님 말씀에 순종하지 못한 것들을 회개해야 합니다. 하나님을 서운케 하거나, 하나님 앞에 약속을 지키지 못한 것, 온전한 주일성수와 십일조를 하지 못했다면 회개해야 하지요. 또한 세상을 사랑하고 사람들과 화목하지 못하며, 혈기, 짜증, 감정, 시기, 질투, 다툼, 거짓 등 온갖 악을 품고 행한 것을 회개함으로써 하나님 앞에 막힌 죄의 담을 헐고 기도받을 때 믿음이 주어지고 믿음대로 공의의 법칙에 따라 응답을 받는 것입니다.

이 밖에도 각종 예배에 빠짐없이 참석하고, 쉬지 않고 기도해야 하며, 하나님 앞에 심는 등 응답받기 위해 순종해야 할 것이 많이 있습니다. 그러한 순종이 나오기 위해서는 철저히 자신을 죽여야 합니다. 즉 교만, 자존심, 틀, 생각, 이론, 세상의 자랑, 세상에 의지하려는 마음 등을 다 버려야 하지요. 이처럼 자신을 철저히 낮추고 자아를 죽일 때 누가복음 17장 33절에 "무릇 자기 목숨을 보존하고자 하는 자는 잃을 것이요 잃는 자는 살리리라"는 공의의 법칙 가운데 응답받을 수 있습니다.

하나님의 공의를 깨닫고 그것에 따라 순종하는 것은 바로 하나님을 인정해 드린다는 의미가 됩니다. 하나님을 인정하기 때문에 그분이 정해 놓은 법칙에 따라 행할 수 있는 것이지요. 이처럼 하나님을 인정해 드리는 것이 믿음이며 거기에는 반드시 순종의 행함이 따릅니다. 행여 말씀에 비추어 자신의 죄가 발견되면 회개하고 돌이키며, 하나님을 온전히 믿고 의뢰하지 못했다면 이제라도 백 퍼센트 믿고 의뢰하시기 바랍니다. 그리하여 하나님의 공의의 법칙을 하나하나 깨달아 행함으로써 심은 대로 거두게 하고 행한 대로 갚아 주시는 하나님께 응답받고 축복받을 수 있어야 하겠습니다.

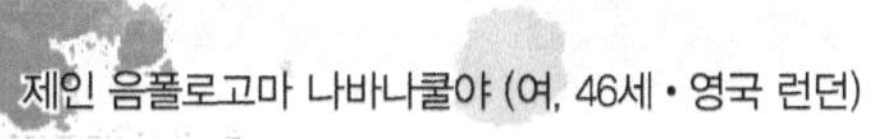

제인 음폴로고마 나바나쿨야 (여, 46세 • 영국 런던)

# 지구 반 바퀴 너머에서

내가 살고 있는 버밍엄은 세본 강, 트렌트 강에 둘러싸여 매우 아름다운 곳이다. 나는 부간다 왕국 초대 대통령의 딸로서 풍족하고 여유로운 삶을 누리며 성장했고, 영국에서 자상한 남편과 결혼하여 사랑스런 세 딸을 두었다.

이런 삶은 많은 사람이 동경하는 것이지만, 내 마음은 그렇지 않았다. 늘 채워지지 않는 영혼의 허전함이 있었고, 오랫동안 위산과다로 인한 경련과 통증이 무척 심했다. 식사를 제대로 할 수 없고, 잠조차 편히 잘 수 없어 매우 고통스러웠다. 심장병과 고혈압, 게다가 혈중 콜레스테롤 수치가 높아서 식이요법까지 해야 했다. 병원에서는 상태가 심하면 심장마비나 뇌졸중이 올 수 있음을 경고했다.

2005년 8월, 인생의 전환점을 맞았다. 우연한 기회에 선교차 런던을 방문 중이던 김석환 목사(콩고 킨샤사만민교회 담임)를 만난 것이다. 그

:: 남편 데이빗 선교사와 함께

에게서 받은 이재록 목사의 저서와 설교 테이프는 나에게 강렬한 떨림으로 다가왔다. 분명히 내가 알고 있는 성경을 기초로 한 말씀이지만, 어디에서도 들어보지 못한 깊이가 있고 영감 어린 것이었다. 영혼의 갈급함으로 고통받던 나의 마음과 영의 눈이 열리는 순간이었다.

결국 나는 길고 긴 비행 끝에 한국에 도착했다. 만민중앙교회에 들어서는 순간 평안함이 온몸을 감쌌다. 그리고 드디어 이 목사를 만나 기도를 받았다. 꿈만 같은 며칠을 한국에서 보내고, 영국으로 돌아온 나는 미리 예약해 둔 병원을 찾은 뒤에야 하나님 사랑을 깨달았다. 10월 21일, 병원 내시경 검사 결과 정상이었다. 콜레스테롤 수치도 정상이 되었고 고혈압도 사라졌다. 기도의 위력이었다.

이 경험은 큰 믿음이 되었다. 이 목사에게 서신을 띄웠다. 나의 심장병을 알리며 기도를 요청했다. 그리고 11월 11일, 금요철야예배 시 지구 반 바퀴 떨어진 영국에서 인터넷으로 기도를 받았다.

"예수 그리스도의 이름으로 명하노니 심장질환아 물러가라. 아버지 하나님, 깨끗하고 강건케 역사하옵소서…."

기도를 받는 순간, 강한 성령의 역사를 느꼈다. 곁에 있던 남편이 붙잡아 주지 않았다면 그대로 쓰러지고 말았을 것이다. 약 30초 뒤에야 정신을 차렸다.

11월 16일, 혈관 촬영을 했다. 담당 의사가 심장 동맥 하나에 이상이 있어서 소형 카메라로 정밀검사를 해야 한다고 말했기 때문이다. 소형 카메라를 장착한 작은 튜브로 검사했는데, 결과는 놀라웠다.

"수년 동안 수술실에서 이렇게 건강한 심장을 본 적이 없습니다."

의사의 말을 듣는 순간, 하나님의 손길을 느끼며 온몸이 전율했다. 이후 나는 새로운 삶을 결심했다. 방황하는 청소년들과 소외된 사람들, 복음이 필요한 사람들에게 다가가는 것이다.

하나님은 이 꿈을 이뤄 주셨다. 나와 남편은 영국 선교사로서 런던만민교회를 개척하여 살아 계신 하나님을 전하고 있다.

-『희한한 능』 中에서-

# Chapter 5 순 종

"
우리가 하나님 말씀에
예와 아멘으로 순종하는 것이
하나님의 역사를 체험하는 지름길입니다.
"

구원의 길을 열어 주신 예수님의 철저한 순종

첫째 하늘의 공의에 순종하신 예수님

순종으로 하나님의 역사를 체험한 사람들

순종의 행함은 믿음의 증거

믿음으로 순종하여 세계 선교에 앞장서는 우리 교회

사람의 모양으로 나타나셨으매
자기를 낮추시고 죽기까지 복종하셨으니
곧 십자가에 죽으심이라

---

빌립보서 2:8

성경을 보면 현실적으로는 도무지 불가능한 일인데도 전지전능하신 하나님께서 가능케 한 사건이 많이 기록되어 있습니다. 해와 달이 운행을 멈추거나 바닷물이 갈라져 마른 땅으로 건너는 등 기적과 같은 일이 많습니다. 이러한 일은 첫째 하늘의 공의에 의해서는 일어날 수 없지만 셋째 하늘 이상의 공의로는 얼마든지 가능합니다.

우리도 이런 하나님의 역사를 체험하려면 반드시 그에 합당한 조건을 갖춰야 합니다. 이를 위해서는 여러 가지 조건을 갖춰야 하는데 그중에서 특히 '순종'이라는 항목이 중요합니다. 하나님 말씀에 오직 "예"와 "아멘"으로 순종하는 것이 하나님 역사를 체험할 수 있는 지름길이기 때문이지요.

사무엘상 15장 22절에는 "여호와께서 번제와 다른 제사를 그 목소리 순종하는 것을 좋아하심같이 좋아하시겠나이까 순종이 제사보다 낫고 듣는 것이 수양의 기름보다 나으니" 하면서 순종의 중요성을 알려 줍니다.

### 구원의 길을 열어 주신 예수님의 철저한 순종

예수님께서는 죄인된 인류를 구원하기 위해 십자가에 달려 죽기까지 오직 하나님 뜻에 따라 순종하셨습니다. 이러한 예수님의 순종이 있었기 때문에 우리는 믿음으로 구원에 이를 수 있는 것입니다. 우리가 예수 그리스도를 믿음으로 어떻게 구원받을 수 있는지를 알기 위해서는 인류가 사망으로 가게 된 시작부터 살펴보아야 합니다.

아담은 죄인이 되기 전에 에덴동산에서 영원한 생명을 누리며 살아갈 수 있었습니다. 그런데 하나님께서 금하신 선악과를 따먹는 죄를 범한 뒤로는 '죄의 삯은 사망'(롬 6:23)이라는 공의의 법칙에 따라 사망에 이르게 되었고 지옥으로 갈 수밖에 없었지요. 하나님께서는 아담이 불순종할 것을 이미 아셨기 때문에 만세 전에 예수 그리스도를 예비하셨습니다. 하나님의 공의 가운데 구원의 길을 열어 주시기 위해서이지요. 그래서 예수님께서는 말씀이 육신이 되어 사람의 몸으로 이 땅에 태어나신 것입니다.

구세주에 대해서는 하나님께서 이미 예언하셨기 때문에 이를 알고 있는 원수 마귀 사단은 구세주를 죽일 기회를 호시탐탐 노리고 있었습니다. 그러던 중, 동방박사들에 의해 아기 예수가 태어났다는 소식을 들은 헤롯 임금을 사주하여 두 살 이하의 사내아이를 모두 죽인 것입니다. 또한 악한 사람들을 사주해서 예수님을 핍박하고 결국 십자가에 못 박아 죽였습니다. 원수 마귀 사단은 구세주가 되기 위해 이 땅에 오신 예수님을 없애 버리기만 하면 죄인 된 인류를 자기가 주관하다 지옥으로 끌고 갈 수 있을 줄 알았지요.

예수님은 하나님의 아들로서 원죄도 없고 자범죄도 없기 때문에 '죄의 삯은 사망'이라는 공의의 법칙에 의해 죽임을 당할 이유가 없었습니다. 그런데도 원수 마귀는 공의의 법칙을 어기고 예수님을 죽였지요. 결국 예수님은 사망 권세를 깨뜨리고 다시 살아나셨고 누구든지 예수 그리스도를 믿으면 구원받고 천국과 영생을 얻을 수 있게 되었습니다. 처음에는 '죄의 삯은 사망'이라는 영계의 법칙에 의해 아담과 그 후손이 사망으로 갔으나 나중에는 예수님으로 인해 구원의 길이 열린 것입니다. 이것이 만세 전에 감추어진 하나님의 비밀이지요(고전 2:7).

예수님은 '아무 죄도 없는 내가 왜 죄인들을 내신해서 죽어야 하나?' 생각한 적이 없으며 오직 하나님께서 계획한 섭리에 따라 십자가에 못 박혀 돌아가셨습니다. 이처럼 예수님의 철저한 순종이 있었기 때문에 모든 인류에게 구원의 길이 열렸습니다.

### 첫째 하늘의 공의에 순종하신 예수님

창조주 하나님과 근본 하나인 예수님께서는 피조물인 사람과 똑같은 몸을 입고 하나님의 뜻대로 첫째 하늘의 공의에 합당하게 사셨습니다. 그래서 사람처럼 배고픔이나 피곤함, 고통과 슬픔과 외로움을 다 느끼셔야 했지요.

예수님께서는 공생애를 시작하기 전에 40일 금식을 하셨습니다. 천하 만물의 주인이면서도 하나님의 섭리를 이루기 위해 금식하며 애써 부르짖어 기도하셨습니다. 40일 금식 중에 원수 마귀의 세 차례 시험을 받았지만 조금도 미혹되지 않고 말씀으로 원수 마귀를 물리치셨습니다.

또한 예수님은 하나님의 능력이 있으시니 얼마든지 기적과 같은 놀라운 일을 베풀 수 있습니다. 그럼에도 하나님의 섭리에 따라 필요한 순간에만 물로 포도주를 만들고(요 2장), 오병이어의 기적을 일으키는 등 하나님의 아들로서 권능을 보이셨습니다. 게다가 예수님을 핍박하고 십자가에 못 박는 이들을 얼마든지 멸할 수 있는 권세가 있지만 잠잠히 핍박받으며 십자가에 달리셨습니다. 처참한 고통 가운데 물과 피를 다 쏟으며 육을 입은 사람으로서 겪어야 하는 모든 고통을 그대로 당하신 것입니다.

"그가 아들이시라도 받으신 고난으로 순종함을 배워서 온전

하게 되었은즉 자기를 순종하는 모든 자에게 영원한 구원의 근원이 되시고”(히 5:8~9)

이처럼 예수님께서 철저한 순종으로 공의의 법칙을 온전히 이루셨기 때문에 주님을 영접하고 진리 가운데 사는 사람들은 더 이상 죄의 종으로 사망을 향해 가지 않고 의의 종이 되어 구원에 이르는 것입니다(롬 6:16).

## 순종으로 하나님의 역사를 체험한 사람들

하나님의 아들로서 육신을 입고 이 땅에 오신 예수님께서도 철저한 순종으로 하나님의 섭리를 이루셨습니다. 하물며 피조물인 우리가 하나님 역사를 체험하려면 어떻게 해야 할까요? 반드시 온전한 순종이 필요합니다.

요한복음 2장에 예수님께서 물로 포도주를 만드신 기적이 나옵니다. 갈릴리 가나 혼인 잔치에 초청됐을 때의 일인데, 연회장의 포도주가 다 떨어지자 동정녀 마리아는 하인들에게 “너희에게 무슨 말씀을 하시든지 그대로 하라” 당부했습니다. 그 후 예수님께서 하인들에게 “항아리에 물을 채우라”, “이제는 떠서 연회장에게 갖다 주라” 하시니 하인들이 그대로 순종하였고 결국 물로 포도주를 만드는 처음 표적이 나타난 것입니다.

만약 예수님께서 말씀하신 대로 하인들이 순종하지 않았다면 물이 포도주로 변하는 기적은 체험할 수 없었을 것입니다. 동정녀 마리아는 순종의 법칙에 대해 알고 있었기 때문에 하인들에게 순종할 것을 미리 당부할 수 있었습니다.

베드로도 마찬가지입니다. 밤새 일했으나 고기를 잡지 못한 베드로에게 나타난 예수님께서는 "깊은 데로 가서 그물을 내려 고기를 잡으라" 하셨습니다. 그러자 그는 "선생이여 우리들이 밤이 다하도록 수고를 하였으되 얻은 것이 없지마는 말씀에 의지하여 내가 그물을 내리리이다" 하고 그대로 순종하니 그물이 찢어질 정도로 많은 고기를 잡았지요(눅 5:4~6).

창조주 하나님과 하나인 예수님께서 근본의 소리를 발하시자 피조물인 고기들이 즉시 순종하여 그물 안으로 들어왔기 때문입니다. 그러나 예수님께서 근본의 소리를 발하여 명하셨다 해도 베드로가 순종하지 않았다면 어떻게 되었을까요? "선생님, 고기 잡는 일은 내가 더 잘 압니다. 밤새 일해서 너무 피곤한데 다시 깊은 데로 가는 것은 무리입니다." 했다면 하나님의 역사는 결코 일어날 수 없었습니다.

열왕기상 17장에 나오는 사르밧 과부도 순종함으로 하나님의 놀라운 역사를 체험했지요. 엘리야 선지자는 긴 가뭄 끝에 양식이 떨어지고 남은 것이 가루 한 움큼과 기름 조금뿐인 사르밧 과부에게 그 양식을 자기에게 달라고 하면서 다음과 같이 말합니다.

"이스라엘 하나님 여호와의 말씀이 나 여호와가 비를 지면에 내리는 날까지 그 통의 가루는 다하지 아니하고 그 병의 기름은 없어지지 아니하리라 하셨느니라"(왕상 17:14)

사르밧 과부는 사랑하는 외아들과 함께 남은 양식을 먹고 나면 죽을 날만 기다려야 하는 상황이었습니다. 그런데도 엘리야가 전해 준 하나님 말씀을 그대로 믿고 순종했습니다. 자신의 마지막 남은 양식을 모두 엘리야에게 준 것입니다. 하나님께서는 약속한 대로 놀라운 기적을 베풀어 주셨습니다. 극심한 가뭄이 끝날 때까지 통의 가루와 병의 기름이 다하지 아니하므로 엘리야와 사르밧 과부의 식구가 생명을 구할 수 있었습니다.

### 순종의 행함은 믿음의 증거

마가복음 9장 23절에 "예수께서 이르시되 할 수 있거든이 무슨 말이냐 믿는 자에게는 능치 못할 일이 없느니라" 하셨습니다. 믿음만 있으면 우리도 전지전능하신 하나님 역사를 능히 체험할 수 있으며 그것이 바로 하나님의 공의이지요. 그래서 믿음으로 기도하면 질병이 떠나가고 믿음으로 명하면 귀신이 나가며 시험 환난과 모든 재앙이 물러갑니다. 물질의 어려움이 있을 때에도 믿음으로 기도하면 물질의 축복을 받는 등 믿음으로는 무엇이나 가능한 것입니다.

이처럼 하나님께서 정하신 공의의 법칙에 의해서 믿음대로 역사될 수 있다는 증거를 보여 주는 것이 바로 순종의 행함입니다. 야고보서 2장 22절에 "네가 보거니와 믿음이 그의 행함과 함께 일하고 행함으로 믿음이 온전케 되었느니라" 했고, 26절에는 "영혼 없는 몸이 죽은 것같이 행함이 없는 믿음은 죽은 것이니라" 하셨지요.

만일 엘리야가 사르밧 과부에게 마지막 양식을 가져오라 할 때 "당신이 하나님의 사람인 것을 믿습니다. 하나님께서는 참으로 나에게 양식이 떨어지지 않게 축복하실 수 있는 줄을 믿습니다." 고백하면서도 순종하지 않았다면 믿음의 증거가 없기 때문에 하나님의 역사도 나타나지 않았을 것입니다. 사르밧 과부는 엘리야의 말을 믿었기 때문에 순종하여 양식을 내놓을 수 있었습니다. 순종의 행함이 믿음의 증거가 되어 '믿는 자에게 능치 못할 일이 없다'는 공의의 법칙대로 하나님의 역사가 나타난 것입니다.

하나님께서 꿈과 비전을 주실 때 얼마나 명심하여 끝까지 믿고 순종하는지가 매우 중요합니다. 아브라함이나 야곱, 요셉은 하나님 말씀을 명심하여 순종한 대표적인 사람입니다. 요셉이 어릴 때, 하나님께서는 꿈을 통하여 장차 존귀한 자가 될 것임을 알려 주셨습니다. 요셉은 하나님께서 주신 꿈을 믿었을 뿐 아니라 마음에 명심하여 꿈을 성취할 때까지 변개하지 않았지요. 어떠한 상황에서도 오직 하나님의 역사를 바라며 인도하심을 따라 순종했습니다.

13년이라는 긴 세월 동안 종살이와 감옥살이를 하면서 오히려 하나님께서 주신 꿈과 정반대의 길을 가는 것처럼 보여도 요셉은 추호도 의심하지 않습니다. 오직 하나님의 계명대로 순종하며 정도를 걸었습니다. 하나님께서는 이러한 요셉의 믿음과 순종을 보시고 꿈을 이루어 주셨습니다. 모든 연단이 끝나자 겨우 30세의 나이로 당시의 강대국이던 애굽, 곧 이집트의 총리로서 왕 다음가는 지도자가 된 것입니다.

### 믿음으로 순종하여 세계 선교에 앞장서는 우리 교회

오늘날 우리 교회에는 전 세계에 8,000여 개의 지교회와 많은 협력 교회가 있으며, 인터넷과 위성은 물론 각종 언론을 통해 세계 곳곳에 복음을 전파하고 있습니다. 그러한 과정에 오직 처음부터 끝까지 공의의 법칙에 합당한 순종의 행함이 있었습니다.

제가 하나님의 능력으로 모든 질병을 치료받은 뒤부터 저의 꿈은 하나님 앞에 합당한 장로가 되어 많은 사람을 구제하고 하나님께 영광 돌리며 사는 것이었지요. 그런데 갑자기 하나님께서 "만세 전에 하나님의 종으로 택하였으니 3년 동안 말씀 준비를 하면 바다를 건너고 강을 건너고 산을 건너서 나아갈 때 가는 곳마다 기사와 표적과 권능이 일어나리라." 하셨습니다.

그 당시 저는 신앙의 연수가 오래된 것도 아니고 더구나 내성적 성격이라 많은 사람 앞에서 설교한다는 것은 생각지도 못한 일이었지요. 꿈에도 생각하지 못한 사명이지만 하나님 말씀이니 그대로 순종하였습니다. 오직 성경 66권 말씀대로 준행하고자 힘쓰며 성령의 주관대로 수없이 금식하고 기도하며 하나님께서 명하시는 대로 순종한 것입니다.

세계 곳곳에 대형 성회를 이룰 때에도 스스로 계획하고 준비하는 것이 아니라 하나님께서 "가라" 하시는 곳에 믿음으로 순종하여 갔습니다. 일반적으로 대형 집회를 개최하려면 몇 년씩 준비하는 것이 보통이지만 저는 하나님께서 명하시면 불과 수개월 만에 준비해서 이루었습니다. 준비된 재정이 있거나 넉넉한 상황이 아니었지만 오직 믿음으로 순종하며 하나님께 구하면 매번 기적같이 채워 주셨습니다. 이처럼 하나님께서 "가라" 하신 곳에는 복음의 불모지인 경우가 많았습니다. 그중에는 사람의 생각으로는 도무지 갈 수 없는 곳도 있었지요.

2002년, 인도 연합대성회가 개최될 때 일입니다. 성회 예정지인 타밀나두 주 정부에서 새로운 법 규정이 통과되었습니다. 그 내용은 타밀나두 주 안에서는 개종하도록 선동하거나 선전하지 말라는 것입니다. 만약 이 규정을 어기면 최고 4년형, 최고 10만 루피의 벌금형을 받게 됩니다. 이 금액은 현지 노동자가 2000일 동안 한 푼도 쓰지 않고 벌어야 하는 액수라고 합니다. 그런데 인도 연합대성회는 기독교인만이 대상이 아니라 현지의 불신자, 특히 인도 인구의 80%를 차지하는 힌두교도를 대상으로 전도하는 성회였습니다.

게다가 성회가 시작되는 날부터 법령이 시행된다고 하니 제가 복음을 선포한다면 그 자리에서 체포될 것을 각오해야 하는 상황이었습니다. 성회를 감시하려고 경찰들이 참관하여 설교를 녹음할 것이라는 소식도 들려왔지요. 이처럼 계속 들려오는 위협적인 소식에 현지 목회자와 성회를 준비하는 일꾼들이 매우 긴장했습니다. 주최 측에서는 저에게 창조주 하나님에 대해 가급적 언급하지 말아 달라고 부탁하기까지 했지요. 그러나 하나님께서 명하신 일이기 때문에 담대히 창조주 하나님과 예수 그리스도를 선포했습니다.

그러자 하나님께서는 놀라운 역사를 나타내셨습니다. 제가 설교하면서 "말씀을 듣는 중에라도 믿음이 오시면 일어나 걸으십시오." 하고 선포하였는데 그 즉시 한 소년이 일어나 걷기 시작한 것입니다. 그 소년은 대수술을 통해 골반뼈와 고관절을 잘라내고 뼈가 없는 부위에는 금속판을 넣어 볼트로 죄어 대퇴골과 골반을 연결한 상태였지요. 워낙 큰 수술이라 수술한 뒤에도 계속 통증이 있었다고 합니다. 목발을 짚지 않으면 한 걸음도 걸을 수 없었는데 믿음으로 순종하니 목발을 버리고 걸을 수 있게 된 것입니다.

성회 첫날부터 설교 중에 일어나 걷는 감격적인 역사를 기점으로 해서 놀라운 역사가 연이어 나타났습니다. 눈먼 사람이 눈을 뜨며, 듣지 못하는 사람이 듣고, 말 못하는 사람이 말을 하며 목발과 휠체어 등을 버리고 걷고 뛰었지요. 이처럼 감동적인 소문이 널리 퍼지자 성회 둘째 날부터 더 많은 사람이 몰려왔습니다. 연인원 300만 명 이상의 인파가 모여 들었는데 놀랍게도 그중의 60% 정도가 힌두교도였습니다. 강단에서 선포되는 말씀을 듣고 권능의 역사를 볼 때 그들은 자신들의 이마에 붙이고 있던 힌두교도의 표시를 떼내 버렸습니다. 그 자리에서 개종하겠다는 의사를 표현한 것입니다.

그러면서 움츠렸던 현지 기독교계가 하나 되는 결과를 가져왔습니다. 결국 얼마 있지 않아 강제개종 금지법령이 철폐되었습니다. 오직 하나님 말씀에 순종하는 행함을 통해 하나님의 섭리가 창대하게 이뤄진 것입니다. 과연 이러한 하나님의 놀라운 역사를 체험하기 위해서는 구체적으로 무엇을 순종해야 할까요?

**첫째, 성경 66권 말씀에 순종해야 합니다.**

하나님께서 직접 나타나 무엇을 말씀하셔야만 순종하는 것이 아니라, 성경 66권에 기록된 하나님의 말씀에 순종하면 됩니다. 성경을 통해 하나님 뜻을 알고 순종하되 먼저 단에서 선포되는 말씀을 듣고 배우는 대로 순종하면 됩니다. 곧 무엇을 '하라, 하지 말라', 또는 '지키라, 버리라' 하는 말씀은 하나님의 공의의 법칙이므로 그대로 순종하여 행하라는 것입니다.

예를 들어 "죄를 회개하고 통회자복을 하라"는 것은 회개하여 죄의 담을 헐어야 하나님께 응답받을 수 있다는 법칙을 가르쳐 주는 것입니다(사 59:1~2). 또한 "부르짖어 기도하라"는 것은 아담이 죄를 범한 이후 우리가 땀 흘려야 소산을 먹는다는 법칙에 따라 응답받는 기도의 방법을 알려 주는 것이지요(눅 22:44).

하나님을 만나고 응답받기 위해서는 무엇보다도 먼저 죄를 회개하고 구할 바를 부르짖어 기도해야 합니다. 그래서 하나님과 막힌 죄의 담을 헐고 구할 바를 구하되 정성과 믿음을 내보여야 한다는 공의의 법칙에 따라 순종하면 누구나 하나님을 만나 응답받을 수 있습니다.

**둘째, 하나님이 함께하시는 주의 종의 말씀을 믿고 순종해야 합니다.**

교회 개척 때 어떤 분이 암에 걸려 들것에 실려 와서 누운 채로 예배에 참석한 적이 있었습니다. 그래서 "앉아서 예배드리세요." 했더니 가족이 등 뒤를 받쳐서 비스듬히 앉아 예배를 드렸지요. 그분이 무거운 병으로 들것에 실려 왔기 때문에 일어나 앉기조차 힘든 것을 왜 모르겠습니까? 하지만 그분은 성령의 주관에 따라 말한 제 말에 순종했습니다.

그분의 순종을 보신 하나님께서는 즉시 치료의 역사를 베풀어 주셨습니다. 곧 모든 통증이 사라지고 스스로 일어나 걷는 것입니다. 사르밧 과부가 하나님의 종 엘리야를 신뢰하여 그 입의 말에 순종한 것처럼 순종하는 자체가 응답의 길이 되었습니다. 이처럼 자신의 믿음으로는 할 수 없지만 권능을 행하는 하나님의 사람을 믿고 순종하면 하나님의 역사를 체험할 수 있습니다.

셋째, 성령의 역사에 순종해야 합니다.

우리가 하나님의 응답을 받기 위해서는 말씀을 듣고 기도하는 가운데 성령의 주관이 오면 즉시 순종해야 합니다. 마음에 내주하는 성령께서 공의의 법칙에 따라 응답받고 축복받는 길로 인도하시기 때문입니다.

예를 들어, 예배 중에 '오늘은 예배가 끝나고 남아서 기도를 하라'는 주관을 받으면 그대로 순종하면 됩니다. 이처럼 순종하면 회개의 영이 임해 하나님과 우리 사이에 막힌 죄의 담이 헐리거나 방언의 은사를 받는 등 하나님의 은혜를 입게 하는 경우가 있습니다. 또한 기도하는 동안 응답의 축복이 오는 경우도 있지요.

저는 초신자 때 노동을 하며 겨우 생계를 이어 가던 시절이 있었습니다. 하루 종일 지친 몸이지만 교통비를 아끼기 위해 걸어서 퇴근해야 했습니다. 하지만 건축헌금이든 감사헌금이든 마음에 주관이 오면 그대로 순종하였습니다. 육신의 생각을 동원하지 않고 드렸으며 당장 수중에 돈이 없으면 작정을 해서라도 드렸지요. 또 작정한 것은 어떻게든 구해 기한 내에 드려서 하나님과의 약속을 지켰습니다. 이렇게 순종하는 만큼 하나님께서도 예비한 축복으로 갚아 주셨습니다.

하나님께서는 이처럼 우리의 순종을 보고 응답과 축복의 문을 열어 주십니다. 물질뿐 아니라 구하는 것마다 크고 작은 응답으로 역사하셨습니다. 어떤 기도 제목을 가졌다 해도 믿음으로 순종하기만 하면 친히 이루어 주셨습니다.

고린도후서 1장 19~20절을 보면 “우리 곧 나와 실루아노와 디모데로 말미암아 너희 가운데 전파된 하나님의 아들 예수 그리스도는 예 하고 아니라 함이 되지 아니하였으니 저에게는 예만 되었느니라 하나님의 약속은 얼마든지 그리스도 안에서 예가 되니 그런즉 그로 말미암아 우리가 아멘 하여 하나님께 영광을 돌리게 되느니라” 말씀했습니다.

우리가 공의의 법칙 가운데 하나님의 역사를 체험하려면 순종으로 믿음의 행함을 보여야 합니다. 예수님께서 본을 보이신 것처럼 우리가 환경과 조건에 상관없이 순종만 하면 하나님 역사가 우리 앞에 창대하게 펼쳐집니다. 그러므로 하나님 말씀 앞에 오직 “예”와 “아멘”으로 순종하여 하나님의 역사를 친히 체험하시기 바랍니다.

폴 라빈드란 폰라지 (남, 55세 • 인도 첸나이 병원 심장 흉부외과 고문)

# 의학을 넘어선 하나님의 권능

타밀나두 주에 사는 한 건축 청부업자가 진료를 받으러 왔다. 그는 심장 관상동맥 질환을 가지고 있었다. 그런 종류의 병을 갖기엔 비교적 젊다 할 수 있는 42세 남자였다. 그는 관상동맥 바이패스 형성수술을 받아야 할 상태였다. 2004년 1월, 수술을 하였다. 두 개의 혈관 우회로를 이식하는 아주 간단한 수술이기 때문에 심폐 펌프를 사용하지 않고 심장이 뛰는 채로 수술을 하였다. 수술은 두 시간 반 만에 끝이 났다.

그런데 문제가 생겼다. 가슴을 봉합하는데, 갑자기 심전도가 비정상이 되고 혈압이 떨어지면서 환자 상태가 불안정했다.
나는 환자의 가슴을 다시 열어 수술 부위를 확인했다.
"이식한 혈관에는 이상이 없는데…."
긴급히 카테터실로 옮겨 혈관 조영술을 한 결과 환자 심장의 모든 혈관과 하지의 큰 혈관이 경련을 일으켜 피가 통하지 않는다는 사실을 발견했다. 그 원인은 지금까지도 알 수 없다. 앞길이 창창한 환자에게 이제 아무런 희망이 없었다. 내 심장이 바짝바짝 타들어가는 듯했다.
외부 심장 마사지를 하면서 급히 수술실로 옮겼다. 가슴을 다시 연 후 심장에다 직접 20분 이상 마사지하였다. 환자를 심폐 펌프에 연결하고, 혈관 경련을 완화하기 위해 여러 이완제를 투여해 보았지만 아무 반응이 없었다.

심폐 펌프에 의지해 환자의 평균 혈압은 7시간 이상 25~30mmHg(정상은 120/80mmHg)로 유지되었다. 이 혈압으로는 환자의 뇌에 충분한 피와 산소가 공급되지 못한다. 심폐 펌프에 연결한 7시간을 포함하여 총 18시간 동안 사투를 벌인 후에도 상태가 호전되지 않았다. 결국 우리 수술팀은 환자에게 사망 진단을 내리기로 결정해야 했다.
밀려드는 정신적 압박과 긴장 속에 병원 한쪽에서 무릎 꿇고 기도했다. 그때 사도행전 19장 12절 말씀이 떠올랐다.
"심지어 사람들이 바울의 몸에서 손수건이나 앞치마를 가져다가 병든

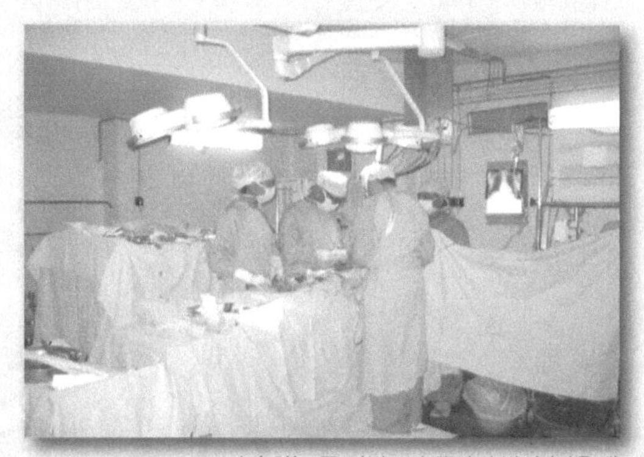

:: 수술하는 폴 라빈드란 폰라지 박사 (가운데)

사람에게 얹으면 그 병이 떠나고 악귀도 나가더라"
나는 기도로 수술을 시작했고, 수술 시간 내내 이재록 목사가 기도해 준 손수건을 수술복 호주머니에 지니고 있었다.
"사도 바울을 통해 역사하신 하나님, 이 손수건을 통해 역사하여 주옵소서."

수술팀은 환자에게 사망 진단을 내리기 전 가슴을 봉합하고 있었다. 그런데 갑작스런 변화가 일어났다. 환자의 상태가 정상으로 돌아온 것이다. 심전도도 완전히 정상이었다. 수술팀은 충격에 휩싸였다. 그들 중 불신자까지도 "당신이 믿는 하나님이 당신을 영화롭게 하셨군요." 고백했다.
이 환자는 오른쪽 다리에 약간의 부기 외에는 아무런 신경학적인 후유증 없이 퇴원하였다. 진실로 믿음으로 행하면 재난이 끝나고 기적의 한 가운데 서는 것을 확인하는 순간이었다.

-『희한한 능』 中에서-

"
온전한 믿음을 가지면
아무리 막막하고 불가능해 보이는 현실에서도
하나님 능력을 끌어낼 수 있습니다.
"

우리가 마음에 뿌림을 받아
양심의 악을 깨닫고 몸을 맑은 물로 씻었으니
참마음과 온전한 믿음으로 하나님께 나아가자

---

히브리서 10:22

하나님의 응답을 받는 정도는 사람마다 다릅니다. 어떤 사람은 단 한 번 기도하거나 마음에 품기만 해도 응답을 받지만 어떤 사람은 며칠, 혹은 수많은 시간 금식하고 철야하며 기도해야 응답받습니다. 또 어떤 사람은 믿음으로 기도하여 표적이 나타나기도 하고 어둠의 세력을 제어하며 병든 사람을 낫게 해 주기도 합니다(막 16:17~18). 반면에 어떤 사람은 믿음으로 기도한다고 하지만 기사와 표적이 따르지 않습니다.

만일 하나님을 믿고 기도하면서도 질병으로 고통받는 사람이 있다면 자신의 믿음을 점검해 보아야 합니다. 성경에 기록된 하나님 말씀은 영원히 변함없는 진실 자체이므로 정녕 하나님께서 인정하시는 믿음을 소유했다면 무엇이든지 구하는 대로 응답받을 수 있습니다. 예수님께서도 "너희가 기도할 때에 무엇이든지 믿고 구하는 것은 다 받으리라"(마 21:22) 약속하셨기 때문입니다. 그런데도 사람마다 응답받는 정도가 다른 이유는 무엇일까요?

## 참마음과 온전한 믿음

히브리서 10장 22절에는 "우리가 마음에 뿌림을 받아 양심의 악을 깨닫고 몸을 맑은 물로 씻었으니 참마음과 온전한 믿음으로 하나님께 나아가자" 말씀하고 있습니다. 여기서 '참마음'이란 거짓이 없는 진실한 마음, 곧 예수 그리스도를 닮은 마음입니다.

또 '온전한 믿음'이란 성경 66권 말씀을 의심 없이 믿으며 하나님께서 주신 계명을 모두 지켜 행하는 것을 말합니다. 온전한 믿음은 참마음을 이룬 만큼 소유할 수 있습니다. 참마음을 이룬 사람의 고백이야말로 진실한 믿음의 고백이므로 하나님께서도 그 기도에 신속하게 응답해 주십니다.

많은 사람이 믿음의 고백을 하지만 저마다 그 속에 담긴 진실함은 다릅니다. 참마음을 이루어 백 퍼센트 진실한 믿음의 고백을 하는 사람도 있지만 온전히 이루지 못하여 오십 퍼센트밖에 진실하지 않은 사람도 있습니다. 그런 경우 하나님께서는 "너는 나를 반밖에 믿지 못하는구나." 하실 수밖에 없지요. 그러므로 진실함의 정도가 바로 하나님께서 인정하시는 믿음의 분량임을 깨우칠 수 있습니다.

## 믿음과 진실함의 관계

인간관계에서도 '믿는다'는 고백과 상대를 신뢰하는 정도가 다른 경우가 많습니다. 예를 들어, 엄마가 어린 자녀를 집에 남겨

두고 외출할 때 "얌전히 집을 잘 보고 있어야 한다. 엄마는 널 믿는다."라고 말하곤 합니다. 그러면 엄마가 정말 자녀를 믿어서 그렇게 말하는 것일까요?

정말 믿는다면 '믿는다'는 말이 필요 없습니다. 그냥 "몇 시까지 들어올게. 집 잘 보고 있어."라고 해도 됩니다. 대부분 어딘가 미덥지 못하니 '믿는다'는 말을 덧붙입니다. "엄마가 깨끗이 청소했으니까 어지럽히지 말고, 엄마 화장품 만지지 말고, 가스 불은 위험하니까 켜면 안 된다." 등 마음에 염려되는 일들을 짚어가며 '엄마 말대로 하길 바란다'는 소망을 담아 당부하는 것이지요.

그렇게 당부하고 외출했으면서도 믿음이 가지 않는 경우에는 자주 전화해서 점검합니다. "지금 뭐하니? 아무 일 없지?" 하면서 자녀의 동태를 파악하지요. 말로는 자녀에게 믿는다 했지만 전부 믿은 것이 아니기 때문입니다. 그러니 자녀들에 대한 부모의 믿음이 다 같은 것은 아닙니다.

자녀가 얼마나 진실한지에 따라 어떤 자녀에게는 믿음이 더 가고, 어떤 자녀에게는 믿음이 덜 갑니다. 만일 평소 부모님 말씀을 잘 듣고 무엇이든지 그대로 순종하기 때문에 부모가 "너를 믿는다."라고 말했다면 자녀를 백 퍼센트 믿는 데에서 나온 진실한 고백입니다.

## 온전한 믿음으로 구하면 신속히 응답받아

백 퍼센트 신뢰하는 자녀가 무엇을 요구한다면 부모는 이유도 묻지 않고 바라는 대로 해 줍니다. “뭐 하려고 그러느냐? 꼭 해야 하는 것이냐?” 하며 일일이 따져 물을 필요가 없습니다. ‘당연히 필요해서 구하겠지. 허튼 일을 할 아이가 아니니까.’ 하며 자녀에 대한 온전한 신뢰 속에서 구하는 대로 들어 주는 것입니다.

그러나 자녀에 대한 신뢰가 온전하지 않을 경우에는 요구가 타당할 때에야 비로소 들어 줍니다. 자녀에 대한 믿음이 적을수록 부모는 자녀의 요구 사항을 몇 차례 확인하고도 들어 주기를 주저하지요. 그런데도 자녀가 계속해서 조르고 떼를 쓴다면 부모 입장에서는 자녀의 말을 믿어서가 아니라 강청에 못 이겨서 할 수 없이 들어 주는 경우도 있습니다.

이러한 원리는 하나님과 그의 자녀들에게도 똑같이 적용됩니다. 하나님께서 보실 때에 “내 아들아, 딸아! 정녕 나를 온전히 믿는구나.” 하시며 우리의 믿음을 백 퍼센트 인정하실 수 있는 참마음을 지녔는지요? 미덥지 못한 자녀가 밤낮 부르짖고 강청하니 마지못해 조금 주시는 것이 아니라 범사에 진리 가운데 행하며 책망

받을 것이 없으므로 구하는 것마다 주실 수 있는 그릇이 되어야 하겠습니다(요일 3:21~22).

### 참마음과 온전한 믿음을 지닌 아브라함

아브라함 선지자가 믿음의 조상이 될 수 있었던 까닭은 참마음과 온전한 믿음을 가졌기 때문입니다. 아브라함은 한번 하나님께서 약속해 주신 말씀은 어떤 상황에서도 의심치 않고 그대로 믿었습니다.

아브라함이 75세가 되던 해에 하나님께서는 그를 통해 큰 민족이 형성될 것을 말씀하셨지만, 그로부터 20여 년이 지나도록 아브라함은 자손을 얻지 못했습니다. 그러다가 아브라함의 나이 99세, 그의 아내 사라의 나이 89세로 이미 잉태할 수 없는 몸이 되었을 때에 하나님께서 비로소 이듬해에 아들을 얻게 될 것을 알려주십니다. 그 당시의 상황이 로마서 4장 19~22절에 잘 나와 있습니다.

"그가 백 세나 되어 자기 몸의 죽은 것 같음과 사라의 태의 죽은 것 같음을 알고도 믿음이 약하여지지 아니하고 믿음이 없어 하나님의 약속을 의심치 않고 믿음에 견고하여져서 하나님께 영광을 돌리며 약속하신 그것을 또한 능히 이루실 줄을 확신하였으니 그러므로 이것을 저에게 의로 여기셨느니라"

이처럼 사람의 생각으로는 도무지 불가능하지만 약속의 말씀을 전혀 의심치 않는 아브라함의 믿음을 하나님께서 인정하신 것입니다. 결국 하나님께서는 약속한 대로 이듬해에 아들 이삭을 낳게 해 주셨습니다.

그런데 아브라함이 믿음의 조상이 되기 위해서는 또 한 번의 믿음의 시험이 남아 있었습니다. 이삭이 무럭무럭 자라 눈에 넣어도 아프지 않을 만큼 사랑스러울 때에 하나님께서 그를 번제로 드리라고 하신 것이지요. 번제는 소나 양 등의 희생 제물의 가죽을 벗기고 각을 떠서 불에 살라 드리는 구약의 제사법입니다.

과연 아브라함은 사랑하는 아들 이삭을 어떻게 번제로 드렸을까요? 히브리서 11장 17~19절에 "아브라함은 시험을 받을 때에 믿음으로 이삭을 드렸으니 저는 약속을 받은 자로되 그 독생자를 드렸느니라 저에게 이미 말씀하시기를 네 자손이라 칭할 자는 이삭으로 말미암으리라 하셨으니 저가 하나님이 능히 죽은 자 가운데서 다시 살리실 줄로 생각한지라 비유컨대 죽은 자 가운데서 도로 받은 것이니라" 말씀합니다. 아브라함은 이미 하나님께서 이삭을 통해 많은 자손이 나올 것을 알려 주셨기 때문에 그를 번제로 드린다 해도 다시 살리실 줄로 믿은 것입니다.

아브라함은 이삭을 결박하여 번제단 위에 올려놓고 칼을 들어 잡으려 했습니다. 그 순간 하나님께서는 “그 아이에게 네 손을 대지 말라 아무 일도 그에게 하지 말라 네가 네 아들 네 독자라도 내게 아끼지 아니하였으니 내가 이제야 네가 하나님을 경외하는 줄을 아노라” 하셨습니다(창 22:12). 이처럼 아브라함은 진정 하나님을 경외했기 때문에 순종할 수 없는 일에도 순종했으며, 시험을 통하여 온전한 믿음을 인정받고 믿음의 조상이 되는 축복을 받았습니다.

### 참마음과 온전한 믿음을 이루려면

저에게는 아무런 희망도 없이 죽음만 기다리던 시절이 있었습니다. 그러다가 누님의 전도로 성전에 가서 단지 무릎을 꿇었을 뿐인데 하나님의 능력으로 모든 질병을 치료받았습니다. 누님이 저를 위해 금식하고 철야하며 간구한 기도에 하나님께서 응답하신 것입니다.

하나님께 감당할 수 없는 사랑과 은혜를 받은 저는 하나님에 대해 너무나 알고 싶었습니다. 그래서 각종 예배는 물론, 여기저기 부흥성회를 찾아다니며 하나님 말씀을 열심히 배웠습니다. 당시 힘든 노동을 하면서도 매일같이 새벽예배에 참석하는 등 ‘어찌하면 하나님 말씀을 더 듣고 하나님의 뜻을 깨우칠 수 있을까?' 하는 마음뿐이었지요.

목사님이 하나님의 뜻을 알려 주는 대로 순종하여 행했습니다. 믿는 사람이 술 마시고 담배 피우는 것은 합당치 않다고 하니 즉시 끊어 버렸습니다. 십일조와 감사헌금도 해야 한다고 하니 곧바로 드렸으며, 그때부터 지금까지 한 번도 어긴 적이 없습니다.

성경을 읽어가면서 하나님 말씀에 '하라' 하는 것은 했고, '지키라' 하는 것은 지켰습니다. '하지 말라' 하는 것은 하지 않았으며, '버리라' 하는 것은 버리기 위해 열심히 기도했습니다. 그런데도 쉽게 버려지지 않으면 금식을 해서라도 버려 나갔지요. 하나님 은혜에 보답하고자 애쓰는 제 모습을 보신 하나님께서 귀한 믿음을 주셨습니다.

하나님께 대한 믿음이 날로 더욱 견고해졌습니다. 어떤 시험이 오거나 어려운 일을 만나도 결코 의심해 본 적이 없습니다. 이렇게 말씀대로 순종하여 행한 결과 어느새 제 마음은 거짓이 없는 참마음이 되어 갔습니다. 선하고 깨끗한 마음으로 변화되어 주님의 마음을 닮아 간 것입니다.

요한일서 3장 21절에 "사랑하는 자들아 만일 우리 마음이 우리를 책망할 것이 없으면 하나님 앞에서 담대함을 얻고" 하신 대로 기도할 때 무엇이든 담대하게 구할 수 있었고, 믿음으로 구한 것은 무엇이나 응답받을 수 있었습니다.

### 믿음의 시련이 있어도 통과하면 축복

그러던 중, 하나님의 축복을 받기 위한 큰 믿음의 시련이 있었습니다. 교회를 개척한 지 7개월째 되던 1983년 2월, 지하 사택에서 잠을 자던 저의 어린 세 딸과 한 청년이 금요철야예배가 끝난 후 연탄가스에 중독되어 의식을 잃은 채 발견된 것입니다. 그들은 밤새 연탄가스를 들이마셨기 때문에 다시 살아날 것이라고는 생각조차 할 수 없는 상황이었습니다.

이미 눈동자는 돌아갔고 입안에 허연 거품까지 문 채 온몸이 축 늘어져 있었지요. 저는 성도들의 울부짖는 소리, 우왕좌왕하며 떠들썩한 소리를 뒤로 한 채 그들을 성전으로 옮겨 눕히게 했습니다. 그리고 단 위에 올라가 무릎을 꿇고 하나님께 감사기도를 드렸습니다.

"아버지 하나님! 감사합니다. 주신 이도 하나님이시요 데려가신 이도 하나님이시오니 제 딸들이 평안히 주님 품에 안겨 이제 눈물, 슬픔, 고통이 없는 천국에 갈 수 있게 하시니 감사합니다…."

"죽은 자도 살리시는 하나님, 저 청년은 양 떼이니 그 영혼만은 다시 돌려주옵소서. 청년만은 살려 주시기 원합니다. 이로 인해 하나님의 영광을 가리지 않기를 원합니다…."

하나님께 기도를 마친 후, 단에서 내려와 먼저 청년에게 손을 얹고 기도해 주었습니다. 세 딸에게도 차례대로 기도해 주었는데 기도한 지 1, 2분도 채 안 되어 기도해 준 순서대로 네 명이 모두 의식을 회복하고 일어나는 것이 아닙니까. 할렐루야!

하나님을 진정 신뢰하고 사랑하기 때문에 도저히 감사할 수 없는 조건에서도 어떤 서운함이나 애통함도 없이 중심에서 감사기도를 하니 하나님께서 감동하시고 곧바로 역사하신 것입니다. 당시 성도들은 이 사건으로 인해 큰 믿음이 되었습니다. 저 또한 하나님께 믿음을 인정받아 무생물인 연탄가스라도 단번에 물리칠 수 있는 또 하나의 새로운 능력을 터득하였습니다.

이처럼 시험이 올 때에 변함없이 진실한 믿음을 하나님께 내보이면 하나님께서는 그 믿음이 참임을 인정하고 반드시 축복으로 갚아 주십니다. 또한 원수 마귀 사단도 그 사람의 믿음이 참임을 보기 때문에 하나님께서 축복을 주셔도 송사할 수 없는 것이지요. 그 후 저는 믿음의 시련이 올 때마다 참마음과 온전한 믿음으로 하나님께 나아가며 모든 시험을 넉넉히 통과하였고 그때마다 위로부터 더 큰 권능을 받았습니다. 이러한 권능을 바탕으로 하나님께서는 2000년도부터 본격적으로 세계 곳곳에서 연합대성회를 이루게 하셨습니다.

1982년 교회 개척을 앞두고 40일 금식기도를 할 때 하나님께서는 이를 기뻐 받으시고 세계 선교와 대성전의 사명을 주셨습니다. 그 후 5년이 지나고 10년이 지나도 세계 선교와 대성전의 길은 보이지 않았습니다. 그러나 하나님께서 말씀하신 것이니 반드시 이루실 줄로 믿고 변함없이 기도해 왔지요.

과연 하나님께서는 교회가 개척된 지 17년이 지난 후부터 수만, 수십만, 수백만 명이 모이는 해외 연합대성회를 예비하시고 놀라운 권능으로 세계를 이룰 수 있도록 축복하셨습니다. 에이즈가 창궐하는 우간다에서의 성회를 시작으로 일본, 파키스탄, 케냐, 필리핀, 온두라스, 인도, 두바이, 러시아, 독일, 페루, 콩고 그리고 미국 연합대성회에 이르기까지 놀라운 치료 역사가 나타났습니다. 또한 수많은 사람이 힌두교와 이슬람교에서 기독교로 개종하여 하나님께 크게 영광 돌린 것입니다.

때가 이르러 하나님께서는 우리 교회에서 출판한 많은 책이 각국 언어로 번역되어 활발한 문서 선교를 이루게 하셨지요. 또한 '세계 기독 방송 네트워크(GCN)'와 '세계 기독 의사 네트워크(WCDN)'를 구축하게 하시며 우리 교회에 나타나는 권능의 역사를 전 세계에 전파할 수 있도록 축복하셨습니다.

## 오직 믿음으로 승리한 파키스탄 연합대성회

해외성회를 이룰 때마다 믿음으로 승리한 감격적인 간증 사례가 많은데, 특히 2000년 10월에 개최된 파키스탄 연합대성회에서는 지금도 잊지 못할 감동의 순간이 있었습니다.

대성회를 앞둔 하루 전날, 목회자 세미나가 있어서 정부로부터 사용 허가를 받은 라호르 철도청 스타디움에 가 보니 뜻밖에도 철문이 봉쇄되어 있었습니다. 파키스탄은 국민 대다수가 회교도이므로 기독교 성회를 할 경우 테러의 위험이 따릅니다. 이미 언론 등에서 성회가 널리 홍보된 상황이기 때문에 위기감이 든 회교도들이 훼방하고자 나섰습니다.

그래서 정부 측에서는 갑자기 태도를 바꿔 장소 사용 허가를 취소하고 경찰과 군인들을 동원하여 철문을 막은 것입니다. 그러나 저는 조금도 당황하거나 놀라지 않았습니다. 오히려 선교팀 일행에게 마음에 주관을 받은 대로 "열두 시가 되면 철문이 열려 세미나를 시작할 것입니다."라고 믿음의 고백을 했지요. 눈앞에는 경찰들이 성회 장소를 봉쇄하고 있고 정부 관계자들 역시 허락할 기미가 전혀 보이지 않는 상황이었지만 전지전능하신 하나님을 믿은 것입니다.

그 결과 여호와 이레의 하나님께서는 파키스탄의 문화체육부 장관을 예비하시고 믿음의 고백대로 성회가 개최될 수 있도록 역사하셨습니다. 그분은 업무차 라호르에 왔다가 수도인 이슬라마바드로 떠나기 위해 공항으로 가던 중 선교팀의 상황을 전해 듣고, 곧바로 경찰과 주 정부 관계자들에게 전화를 걸어 집회가 열릴 수 있도록 조치했지요. 그리고 비행기 출발까지 지연시킨 채 직접 성회 장소까지 방문했습니다.

이처럼 놀라운 하나님의 섭리로 굳게 잠긴 운동장의 문은 순식간에 열리고 목회자 세미나에 참석하려고 몰려든 수많은 사람이 환호했습니다. 서로 얼싸안고 눈물 흘리며 감격과 기쁨으로 하나님께 영광 돌린 것입니다. 바로 그때가 정각 열두 시였습니다.

다음 날, 연합대성회에서는 파키스탄 기독교 역사상 최대의 인원이 모인 가운데 엄청난 권능의 대폭발이 일어났습니다. 뿐만 아니라, 중동 선교의 문을 여는 성회가 되었습니다. 그 후로도 가는 나라마다 최대, 최고의 기록을 세우며 하나님께 큰 영광 돌릴 수 있었습니다.

'마스터키'를 가지고 있으면 모든 문을 열 수 있듯이 온전한 믿음을 가지면 아무리 막막하고 불가능해 보이는 현실에서도 하나님 능력을 끌어낼 수 있습니다. 그러면 순간에 모든 문제를 해결할 수 있지요.

사고나 자연 재해를 비롯하여 전염병이 창궐해도 참마음과 온전한 믿음으로 하나님께 나아가면 조금도 해를 입지 않고 보호받을 수 있습니다. 어떤 권세자나 악한 사람들이 중상 모략하여 넘어뜨리려 해도 사자굴에서 살아난 다니엘처럼 하나님께 영광 돌릴 수 있는 것입니다.

역대하 16장 9절에 "여호와의 눈은 온 땅을 두루 감찰하사 전심으로 자기에게 향하는 자를 위하여 능력을 베푸시나니" 하신 대로 하나님께서는 그분의 자녀가 크고 작은 문제를 만날 때 온전한 믿음으로 기도하며 하나님만 의지하기를 기대하십니다.

참마음으로 나오는 사람은 빛이신 하나님 앞에 자신의 죄가 드러나면 숨기지 않고 철저히 회개합니다. 이로써 담대함을 얻어 하나님 앞에 온전한 믿음으로 나아갈 수 있습니다(히 10:22). 이 같은 원리를 잘 깨달아 참마음과 온전한 믿음으로 하나님께 나아가 모든 마음의 소원을 응답받으시기 바랍니다.

# 셋째 하늘과 3차원의 공간

셋째 하늘은 영원한 천국이 있는 곳입니다.
그리고 셋째 하늘의 속성을 가진 공간을 '3차원의 공간'이라 합니다.

여름에 날씨가 덥고 습하면 "열대지방 같다" 표현합니다.
이는 실제로 열대지방에 있는 덥고 습한 공기가 그곳으로
이동해 왔다는 의미가 아닙니다.
다만 그곳의 기후가 열대지방 기후와 특성이 같다는 것입니다.
마찬가지로 첫째 하늘에서 셋째 하늘의 일들이 일어났다고 해서,
셋째 하늘의 어느 한 공간이 첫째 하늘로 떨어져 나온 것은 아닙니다.

물론 천군, 천사, 선지자들이 오고갈 때에는 셋째 하늘로 통하는 문이
열립니다. 사람이 달 표면을 거닐기 위해서는 특별히 제작된
우주복을 입어야 하는 것처럼, 셋째 하늘의 존재가 첫째 하늘에
내려올 때에는 3차원의 공간을 입어야 합니다.

성경에 나오는 믿음의 선진들 중에도 3차원의 공간을 체험한 경우가 있습니다. 천사나 주의 사자가 나타나 그들을 도와준 일이 바로 그것입니다.

### :: 감옥에서 풀려난 베드로와 바울

사도행전 12장 7~10절에 "홀연히 주의 사자가 곁에 서매 옥중에 광채가 조요하며 또 베드로의 옆구리를 쳐 깨워 가로되 급히 일어나라 하니 쇠사슬이 그 손에서 벗어지더라 천사가 가로되 띠를 띠고 신을 들메라 하거늘 베드로가 그대로 하니 천사가 또 가로되 겉옷을 입고 따라오라 한대 베드로가 나와서 따라갈새 천사의 하는 것이 참인 줄 알지 못하고 환상을 보는가 하니라 이에 첫째와 둘째 파수를 지나 성으로 통한 쇠문에 이르니 문이 절로 열리는지라 나와 한 거리를 지나매 천사가 곧 떠나더라" 했습니다.

사도행전 16장 25~26절에도 "밤중쯤 되어 바울과 실라가 기도하고 하나님을 찬미하매 죄수들이 듣더라 이에 홀연히 큰 지진이 나서 옥터가 움직이고 문이 곧 다 열리며 모든 사람의 매인 것이 다 벗어진지라" 했습니다.

사도 바울과 베드로가 복음을 전하다가 아무런 잘못도 없이 감옥에 갇혔을 때 일어난 일들입니다. 그들은 복음을 전하다가 핍박과 고난을 받았지만, 조금도 원망하지 않았습니다. 오히려 하나님을 찬미하고, 주님의 이름을 위하여 고난 받는 것을 기뻐했습니다. 이처럼 그들의 마음이 3차원의 공의에 합당한 마음이므로 하나님께서 천사를 보내 풀어주신 것입니다. 단단히 조여 맨 쇠사슬이나 잠긴 문도 천사들에게는 문제가 되지 않습니다.

## :: 사자굴에서 살아난 다니엘

다니엘이 바사 제국의 총리가 됐을 때, 시기하는 무리들의 궤계로 사자굴에 던져진 일이 있었습니다. 그런데 다니엘 6장 22절에 "나의 하나님이 이미 그 천사를 보내어 사자들의 입을 봉하셨으므로 사자들이 나를 상해치 아니하였사오니 이는 나의 무죄함이 그 앞에 명백함이오며 또 왕이여 나는 왕의 앞에도 해를 끼치지 아니하였나이다" 고백합니다. 여기서 '천사가 사자들의 입을 봉했다'는 것은 3차원의 공간이 입혀졌음을 나타내는 것입니다.

셋째 하늘인 천국에서는 사자 같은 맹수류도 포악하지 않고 아주 온순합니다. 이 땅의 사자들도 3차원의 공간이 입혀지니 온순해진 것입니다. 하지만 3차원의 공간이 벗겨지면, 다시 원래대로 포악해집니다. 다니엘 6장 24절에 "왕이 명을 내려 다니엘을 참소한 사람들을 끌어오게 하고 그들을 그 처자들과 함께 사자굴에 던져 넣게 하였더니 그들이 굴 밑에 닿기 전에 사자가 곧 그들을 움켜서 그 뼈까지도 부숴뜨렸더라" 했습니다.

다니엘이 지킴 받을 수 있었던 것은 죄가 전혀 없었기 때문입니다. 악한 사람들이 고소할 틈을 얻고자 다니엘이 맡은 국사를 샅샅이 뒤져보아도 아무런 허물이 없었습니다. 또 그는 생명의 위협 앞에서도 변함없이 기도했습니다. 이 모든 것이 3차원의 공의에 합당했기 때문에 사자굴에 3차원의 공간이 입혀졌고, 다니엘은 온전히 지킴 받은 것입니다.

# Chapter 7 너희는 나를 누구라 하느냐

“주는 그리스도시요
살아 계신 하나님의 아들이시니이다.”
마음 중심에서 우러나오는 믿음의 고백에는 반드시
행함이 따르므로 하나님께서 축복의 길로 인도하십니다.

가라사대 너희는 나를 누구라 하느냐
시몬 베드로가 대답하여 가로되
주는 그리스도시요 살아 계신 하나님의 아들이시니이다

예수께서 대답하여 가라사대
바요나 시몬아 네가 복이 있도다
이를 네게 알게 한 이는 혈육이 아니요
하늘에 계신 내 아버지시니라

또 내가 네게 이르노니 너는 베드로라
내가 이 반석 위에 내 교회를 세우리니
음부의 권세가 이기지 못하리라

내가 천국 열쇠를 네게 주리니
네가 땅에서 무엇이든지 매면
하늘에서도 매일 것이요
네가 땅에서 무엇이든지 풀면
하늘에서도 풀리리라 하시고

---

마태복음 16:15~19

어떤 부부는 평생을 같이 살면서도 서로 사랑한다는 고백을 거의 하지 않는다고 합니다. 그런 분들에게 물어보면 대부분의 경우 "마음이 중요하지 굳이 말해야 하는가?" 대답할 것입니다. 물론 입술의 고백보다는 마음이 더 중요하지요. 말로 아무리 백 번, 천 번 "사랑한다." 고백해도 마음에서 사랑하지 않으면 무슨 소용이 있겠습니까. 그러나 이왕이면 마음에 있는 것을 입술로 고백하는 것이 더 좋지 않을까요? 영적으로도 마찬가지입니다.

### 입술 고백의 중요성

마음에 있는 것을 입술로 고백하는 것은 매우 중요한 일입니다. 로마서 10장 10절에 "사람이 마음으로 믿어 의에 이르고 입으로 시인하여 구원에 이르느니라" 하십니다. 물론 이 말씀에서 강조하는 것은 마음으로 믿는 것입니다. 입술로만 '믿습니다' 한다고 해서 의에 이르고 구원받는 것이 아니라 마음에서부터 믿어야 한다는 것이지요. 그러면 우리가 마음에 믿은 것을 왜 입술로도 시인해야 한다고 말씀하신 것일까요?

바로 입술의 고백을 통해 행함의 중요성을 강조하기 위해서입니다. 마음에서 믿어지는 믿음이 없이 입술로만 '믿습니다' 하는 사람은 믿음에 대한 행함의 증거가 따르지 않습니다. 그러나 정녕 마음에서 믿은 것을 입술로도 고백하는 사람은 행함을 통해 믿음에 대한 확실한 증거를 나타냅니다. '하라'는 것은 하고, '하지 말라'는 것은 하지 않으며, '지키라'는 것은 지키고, '버리라'는 것은 버리는 등 하나님 말씀대로 순종하는 행함이 따르는 것입니다.

그래서 야고보서 2장 22절에 "네가 보거니와 믿음이 그의 행함과 함께 일하고 행함으로 믿음이 온전케 되었느니라" 하셨고, 마태복음 7장 21절에는 "나더러 주여 주여 하는 자마다 천국에 다 들어갈 것이 아니요 다만 하늘에 계신 내 아버지의 뜻대로 행하는 자라야 들어가리라" 말씀합니다. 곧 하나님 뜻대로 행할 때 비로소 구원받는다는 것입니다.

마음 중심에서 우러나오는 믿음의 고백에는 반드시 행함도 따르기 때문에 하나님께서는 참믿음으로 인정하시고 마음의 소원에 응답하며 축복의 길로 인도하십니다. 마태복음 16장 15~19절을 보면 베드로가 마음 중심에서 우러나오는 믿음의 고백을 통해 하나님의 놀라운 축복을 받았음을 알 수 있습니다.

예수님께서 그의 제자들에게 "너희는 나를 누구라 하느냐" 물으셨을 때 베드로가 "주는 그리스도시요 살아 계신 하나님의 아들이시니이다" 고백한 것입니다. 베드로는 어떻게 이처럼 놀라운 믿음의 고백을 할 수 있었을까요?

마태복음 14장에는 베드로가 놀라운 믿음의 고백을 한 배경이 잘 나와 있습니다. 바로 물 위를 걷는 사건입니다. 물 위를 걷는다는 것은 사람의 생각으로는 도저히 믿어지지 않는 일입니다. 예수님께서 물 위를 걸으셨다는 것도 놀라운데 베드로까지 물 위를 걸었다는 것은 참으로 주목할 만한 사실입니다.

### 입술의 고백을 통해 물 위를 걸은 베드로

그 당시 예수님께서는 따로 산에 올라가 기도하고 밤중에 풍랑 이는 바다 위를 걸어 배에 있는 제자들에게로 오셨습니다. 그런데 제자들은 예수님의 모습이 유령인 줄로 착각하였습니다. 앞이 잘 보이지 않는 밤중에 무엇인가 물 위에서 사신들에게 다가온다고 생각해 보십시오. 제자들은 무서워서 소리를 질렀습니다. 예수님께서는 즉시 "안심하라 내니 두려워 말라" 하시며 제자들에게 자신임을 알려 주셨습니다. 그러자 베드로는 "주여 만일 주시어든 나를 명하사 물 위로 오라 하소서" 청하였고, 예수님께서 "오라" 하시니 그대로 순종하여 예수님께로 간 것입니다.

이때 베드로가 물 위를 걸을 수 있었던 것은 믿음이 온전해서가 아니었습니다. 잠시 후에 바람이 불자 이내 무서워하여 물에 빠져 들어가는 그의 모습을 통해 알 수 있습니다. 예수님께서는 베드로를 건져 주시며 "믿음이 적은 자여 왜 의심하였느냐" 하셨지요. 그렇다면 베드로가 어떻게 물 위를 걸을 수 있었을까요?

베드로의 믿음으로는 물 위를 걸을 수 없었지만 예수님을 마음에서 믿고 인정했기 때문입니다. 잠시나마 온전한 믿음을 이루었기 때문에 그 순간만큼은 물 위를 걸을 수 있었지요. 여기서 우리는 중요한 사실을 깨달을 수 있습니다. 바로 예수님을 믿고 인정하며 그것을 입술로 고백하는 것이 매우 중요하다는 점입니다.

베드로는 물 위를 걷기 전에 "주여 만일 주시어든 나를 명하사 물 위로 오라 하소서" 고백했습니다. 물론 이 고백이 온전한 것은 아닙니다. 만일 마음 중심에서 예수님을 백 퍼센트 인정하는 믿음이라면 "주여, 주는 무엇이나 하실 수 있나이다 나를 명하사 물 위로 오라 하소서" 고백했을 것입니다.

그러나 아직 온전한 믿음의 고백을 드릴 수 있는 차원이 아니기에 "만일 주시어든"이라고 하는 확인하는 듯한 고백을 한 것입니다. 이 고백만으로도 베드로는 배에 타고 있던 다른 제자들과는 이미 구별되었습니다. 다른 제자들은 무서워서 소리 지르고 있던 상황에서 그는 예수님을 알아보자 믿음의 고백을 한 것입니다. 베드로는 마음 중심에서 예수님을 믿고 인정하였기에 '주'라고 고백하였을 때 자신의 믿음과 능력으로는 도저히 불가능한 일, 곧 물 위를 걷는 놀라운 역사를 체험하였습니다.

## 입술의 고백을 통해 천국 열쇠를 받은 베드로

이러한 체험을 통해 베드로는 마침내 온전한 믿음의 고백을 드리게 됩니다. 마태복음 16장 16절에 "주는 그리스도시요 살아 계신 하나님의 아들이시니이다" 하며 물 위를 걸을 때와는 전혀 다른 차원의 고백을 드린 것입니다. 그 당시에는 모든 사람이 예수님을 믿고 자신들의 메시아로 인정한 것은 아닙니다. 시기하여 죽이려는 사람도 있었습니다.

"미쳤다.", "바알세불 지폈다.", "미혹하는 자다.", "귀신의 왕을 힘입었다."

온갖 중상모략과 거짓 소문을 퍼뜨리며 판단 정죄를 하는 악한 사람도 있었지요. 그러한 사실을 누구보다 잘 아는 예수님께서는 "사람들이 인자를 누구라 하느냐" 물으셨습니다. 그러자 제자들이 "더러는 세례 요한, 더러는 엘리야, 어떤 이는 예레미야나 선지자

중의 하나라 하나이다" 대답합니다. 나쁜 소문도 있었지만 제자들은 오직 예수님께 힘을 드릴 수 있는 선한 고백만 한 것입니다.

그러자 이번에는 "너희는 나를 누구라 하느냐" 물으셨지요. 이때 베드로가 담대히 나서서 "주는 그리스도시요 살아 계신 하나님의 아들이시니이다" 대답하였습니다. 전에는 예수님께 대해 "만일 주시어든"이라 고백했지만 지금은 당당히 "주는"이라 고백하는 것을 볼 수 있습니다. 이에 예수님께서는 베드로에게 놀라운 축복의 말씀을 주십니다.

"네가 복이 있도다 이를 네게 알게 한 이는 혈육이 아니요 하늘에 계신 내 아버지시니라"(마 16:17)

"내가 네게 이르노니 너는 베드로라 내가 이 반석 위에 내 교회를 세우리니 음부의 권세가 이기지 못하리라 내가 천국 열쇠를 네게 주리니 네가 땅에서 무엇이든지 매면 하늘에서도 매일 것이요 네가 땅에서 무엇이든지 풀면 하늘에서도 풀리리라"(마 16:18~19)

베드로는 교회의 기초가 되는 축복과 함께 육의 공간 안에서 영의 공간의 일을 펼칠 수 있는 권세를 받았습니다. 그래서 훗날 베드로를 통해 걷지 못하던 사람이 일어나 걷고 뛰며, 죽은 사람이 살아날 뿐 아니라, 수천 명이 일시에 회심하는 놀라운 역사가 일어났지요.

또한 베드로가 성령을 속인 아나니아와 삽비라를 저주하니 즉시로 혼이 떠나 죽은 것도 볼 수 있습니다(행 5:1~11). 이러한 역사가 나타난 것은 그에게 이 땅에서 매면 하늘에서도 매고 이 땅에서 풀면 하늘에서도 풀어 주시는 권세가 있었기 때문입니다.

### 베드로가 놀라운 축복을 받을 수 있었던 이유

베드로가 이처럼 놀라운 축복을 받을 수 있었던 이유는 과연 무엇일까요? 그는 예수님의 수제자로서 수많은 권능의 역사를 곁에서 보았습니다. 사람으로서는 행할 수 없는 일들이 나타났고, 사람으로서는 깨우칠 수 없는 가르침을 들었습니다. 그러니 정녕 하나님을 믿고 마음이 선한 사람들은 어떻게 하겠습니까. '이분은 보통 사람이 아니고 정말 하늘로부터 오신 하나님의 아들이시구나!' 고백하지 않을 수 없는 것입니다.

하지만 그 당시 많은 사람이 예수님을 인정하지 않았고 대제사장을 비롯하여 제사장, 바리새인, 서기관, 장로 등 종교계 지도자들은 더더구나 인정하려 들지 않았습니다. 오히려 예수님을 시기하고 질투하여 죽이려는 사람도 있었고, 자신들의 생각 속에 판단 정죄했습니다. 예수님께서 얼마나 안타까우셨으면 요한복음 10장

25~26절에 "내가 너희에게 말하였으되 믿지 아니하는도다 내가 내 아버지의 이름으로 행하는 일들이 나를 증거하는 것이어늘 너희가 내 양이 아니므로 믿지 아니하는도다"라고 하셨겠습니까.

이처럼 많은 사람이 예수님을 판단하고 정죄하여 죽이려는 상황이지만 직접 곁에서 보아온 제자들은 달랐습니다. 모든 제자가 마음 중심에서 예수님을 하나님의 아들이며, 그리스도로 인정하고 고백한 것은 아니지만 예수님을 믿고 인정했습니다. 베드로가 예수님을 향하여 "주는 그리스도시요 살아 계신 하나님의 아들이시니이다" 고백한 것은 사람의 말을 듣거나 자신의 생각 속에서 깨달은 것이 아닙니다. 예수님과 함께하시는 하나님의 역사를 보았고, 또한 하나님께서 친히 깨닫게 해 주셨기에 가능했습니다.

### 예수님을 구세주로 믿으면 말씀대로 행해야

다른 사람이 "예수 믿으면 구원받는다, 교회에 나오면 질병이 치료되고 축복받는다."고 하니 입술로만 "믿습니다." 고백하는 경우가 있습니다. 물론 처음 교회에 나올 때부터 무엇을 알아서 믿고 나오는 것은 아닙니다. 단지 '교회 가면 축복받고 천국에 간다니까 한번 가보자.' 하는 마음으로 나오지요.

그러나 어떤 이유로 나왔든지 이제 하나님을 만나고 하나님의 역사를 보았다면 결코 예전과 같은 마음이어서는 안 됩니다. 여전히 믿음 없이 입술로만 '믿는다' 고백해서는 안 되지요. 마음으로부터 예수님을 구세주로 믿고 인정하며 행함으로 예수 그리스도를 전하는 삶을 살아야 합니다.

저는 하나님을 처음 만나 예수님을 구세주로 영접한 순간부터 이전과는 백팔십도 달라진 삶을 살았습니다. 창조주 하나님이 믿어졌고 예수가 구세주 되심을 백 퍼센트 마음에 믿은 것입니다. 그래서 늘 주님을 인정하고 오직 하나님 말씀대로 순종하면서 내 생각과 이론, 내 주장은 없이 모든 것을 하나님께만 맡기고 의뢰하였습니다. 잠언 3장 6절에 "너는 범사에 그를 인정하라 그리하면 네 길을 지도하시리라" 하신 대로 범사에 하나님을 인정하니 하나님께서는 저의 모든 길을 지도해 주셨습니다.

그러니 저의 삶에도 베드로가 받은 것과 같은 놀라운 축복들이 임했습니다. "네가 땅에서 무엇이든지 매면 하늘에서도 매일 것이요 네가 땅에서 무엇이든지 풀면 하늘에서도 풀리리라" 하신 대로 무엇이나 믿고 구하는 것은 하나님께서 즉시 응답하셨지요.

또한 하나님의 말씀에 따라 악을 벗어 버리며 성결의 차원에 이르자 권능을 더해 주셨습니다. 아픈 사람에게 손을 얹고 기도하니 질병이 떠나고 깨끗하게 치료가 되었습니다. 또한 가정과 사업터, 일터에 문제가 있는 사람을 위해 기도할 때 그들의 문제가 해결됨을 볼 수 있었지요. 범사에 하나님을 인정하고 고백하며 말씀대로 행하여 기쁘시게 하니 마음의 소원까지도 응답하며 놀라운 축복으로 갚아 주신 것입니다.

### 예수님 앞에 나와 응답을 받으려면

성경에 보면 많은 사람이 예수님 앞에 나와 질병과 연약함을 치료받고 문제가 해결됐습니다. 그중에는 이방인도 있지만 대부분이 조상 대대로 하나님을 알고 믿은 유대인이었지요. 그들이 하나님을 믿는다고 해도 자신들의 믿음으로 문제를 해결하고 응답받을 수 있는 것이 아니었습니다. 예수님 앞에 나왔을 때에 질병과 연약함이 치료되고 문제가 해결된 것입니다. 바로 예수님을 믿고 인정한다는 증거를 행함으로 나타냈기 때문이지요.

많은 사람이 예수님 앞에 나와 옷자락이라도 만지려고 애쓴 것은 아직 그들의 믿음이 온전한 것은 아니라 해도 마음에 '예수님 앞에 나가면 문제를 해결할 수 있다'는 믿음이 있었기 때문입니다. 자신의 믿음으로는 응답받을 수 없었지만 예수님을 믿고 인정했기 때문에 그 앞에 나온 사람들은 응답받을 수 있었던 것입니다.

그렇다면 여러분은 어떠하십니까? 정녕 예수님을 마음으로 믿고 "주는 그리스도시요 살아 계신 하나님의 아들이시니이다" 고백하는 분이라면 중심을 보는 하나님께서 반드시 응답해 주실 것입니다. 물론 이제 막 교회에 나오신 분과 오랜 세월에 걸쳐 신앙생활을 하는 분의 고백은 달라야 합니다. 하나님께서 각 사람의 믿음에 따라 요구하시는 입술의 고백이 다르기 때문이지요.

같은 상황이라도 서너 살 된 아이와 장성한 청년의 깨달음이 다르듯이 입술의 고백도 달라야 한다는 것입니다. 그렇다고 해서 스스로 깨우치거나 누군가로부터 들어서 고백할 수 있는 것이 아닙니다. 우리 마음에 내주하는 성령께서 깨우쳐 주실 때라야 감동 가운데 고백할 수 있습니다.

## 입술의 고백으로 놀라운 응답을 받은 사람들

성경에는 예수님 앞에 나와 믿음을 고백한 사람들이 어떻게 응답받았는지 잘 나와 있습니다. 누가복음 18장을 보면 눈먼 사람이 예수님 앞에 나와 "주여 보기를 원하나이다" 고백했을 때, "보아라 네 믿음이 너를 구원하였느니라" 하는 응답을 받았습니다.

이처럼 예수님을 믿고 인정하여 그 앞에 나와 믿음을 고백하면 예수님께서 발하시는 근본의 소리를 통하여 응답받을 수 있습니다. 예수님께서는 전지전능한 하나님과 똑같은 능력을 지닌 분입니다. 그러니 어떠한 질병이나 연약함은 물론, 아무리 얽히고설킨 문제라도 풀어 주실 수 있습니다. 그렇다고 해서 만나는 사람마다 무조건 문제를 해결해 주신 것이 아닙니다. 예수님을 믿지 않고 인정하지도 않으며 관심조차 없는 사람에게까지 기도해 주고 축복하는 것은 하나님의 공의에 맞지 않기 때문입니다.

마찬가지로 베드로가 예수님을 믿고 인정하였다 해도 정작 그것을 입술로 고백하지 않았다면 놀라운 축복의 말씀을 주실 수 있었겠습니까? 베드로가 예수님을 마음 중심에서 믿고 인정하여 입술로 고백했기 때문에 공의에 조금도 어그러짐 없이 축복의 언약을 받은 것입니다. 베드로와 같이 성령의 사역에 동참하기 원하는 사람이라면 중심의 깨달음에 따른 믿음의 고백이 있어야 할 것입니다. 이처럼 성령의 감동 가운데 나오는 입술의 고백을 통하여 모든 마음의 소원까지라도 신속히 응답받으시기 바랍니다.

유영미 (여, 38세 • 경남 마산)

# 어느 날 갑자기 찾아온 낯선 병

2005년 1월 중순경, 왼쪽 눈이 갑자기 침침해졌다. 다음 날 양쪽 시력이 급격히 떨어지고 사물이 울퉁불퉁 보이기도 하며 어떤 때에는 그나마도 잘 보이지 않았다. 더구나 물체가 노란색으로 보이고 직선이 물결처럼 보이며 구토와 어지럼증까지 나타나서 병원을 찾아갔다.

"하라다 병(R/O Vogt-Koyanagi-Harada disease)입니다. 눈 안에 물혹이 생겨 울퉁불퉁하게 보이는 겁니다. 혹이 커지면 시신경을 덮어 시력을 완전히 상실할 수도 있습니다."

병원에서는 왜 물혹이 생기는지 원인을 알 수 없는 희귀병이라고 했다. 치료해도 시력을 회복하기 어렵다는 것이다. 기도하며 나를 돌아보니

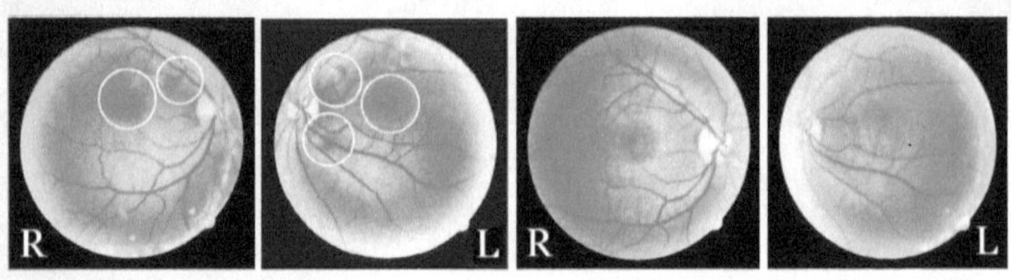

:: 기도받기 전 :: 기도받은 직후 망막하 삼출물이 사라짐

하나님의 사랑임을 깨달았다. 이런 계기가 없다면 여전히 교만한 모습으로 있었을 것을 생각하니 오히려 감사의 고백이 나왔다.

그 후, 손수건 기도와 화상을 통해 이재록 목사의 기도를 받으면서 구토와 어지럼 증세가 없어지는 체험을 했다.

**"시신경도 살아날지니라. 빛이여 임하라."**

뒷날, 기도를 받고 금요철야예배를 드리는데 모니터에 있는 자막이 선명하게 보였다. 또 초점이 일정치 못하고 사물이 울퉁불퉁하게 보이는 현상도 사라졌다. 노란색으로만 보이던 사물이 제 색깔대로 보이는 등 모든 것이 정상으로 돌아온 것이다.

"신기하네요! 정상입니다."

2월 14일, 담당 의사는 얼마 전까지만 해도 심각한 상태이던 내게서 정상 소견이 보이니 무척 신기하게 여겼다. 정밀 검사를 마친 후에는 물

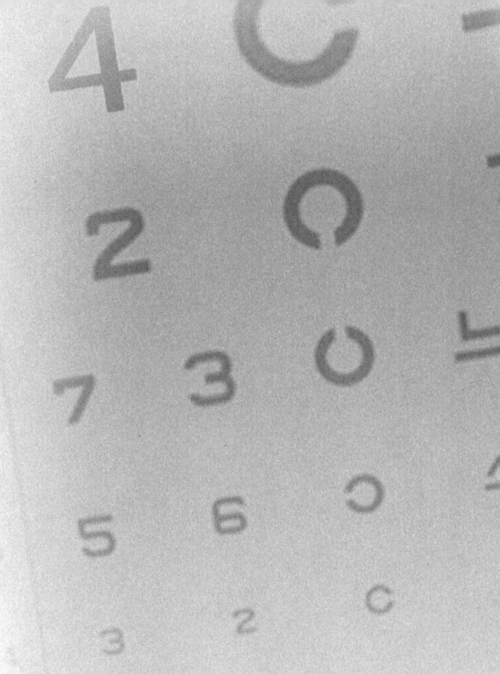

혹도 없어지고 부은 것도 깨끗이 가라앉은 것을 확인하였다. 할렐루야!

"다른 병원에서 치료하셨습니까?"
"아니오, 기도받고 하나님의 능력으로 치료됐습니다."
당당하게 대답하는 나를 의사는 물끄러미 바라볼 뿐이었다. 또 한 가지 놀라운 것은, 기도받기 전 0.8, 0.25이던 교정시력이 기도받은 후에는 양안 모두 1.2로 좋아진 점이다.

-『희한한 능』 中에서-

# 무엇을 하여 주기를 원하느냐

"
예수님께서 "무엇을 하여 주기를
원하느냐"라고 물으신 것은
바로 근본의 소리를 발하신 것입니다.
"

근본의 소리를 발할 때 응답받으려면

예수님을 중심에서 신뢰해야

응답받으려면 공의에 맞게 부르짖어 간구해야

변개하지 않는 온전한 믿음이 있어야

겉옷을 내버리는 순종의 행함이 있어야

믿음의 고백을 들으시고 응답하시는 하나님

네게 무엇을 하여 주기를 원하느냐
가로되
주여 보기를 원하나이다

---

누가복음 18:41

교회에 처음 온 사람이더라도 하나님을 마음 중심에서 믿기만 한다면 아무리 크고 어려워 보이는 문제도 능히 해결할 수 있습니다. 마태복음 7장 11절에 "하늘에 계신 너희 아버지께서 구하는 자에게 좋은 것으로 주시지 않겠느냐" 하신 것처럼 하나님께서는 자녀들에게 좋은 것을 주기 원하시기 때문입니다.

하나님께서 공의 가운데 응답받을 수 있는 기준을 정해 놓은 것도 사랑하는 자녀들이 마음껏 축복받을 수 있도록 하기 위해서입니다. 기준에 미달되는 사람에게 "넌 안 돼! 줄 수 없어." 하기 위해 기준을 정하신 것이 결코 아닙니다. 어찌하든 응답받는 방법을 알려 주며 마음의 소원이나 물질 문제, 가정 문제, 질병 문제 등을 응답해 주기 원하시는 것입니다. 그러므로 공의 가운데 응답받기 위해서는 무엇보다도 믿음과 순종이 중요합니다.

### 근본의 소리를 발할 때 응답받으려면

누가복음 18장에는 예수님께서 근본의 소리를 발하실 때에 응답받은 눈먼 사람의 이야기가 구체적으로 나옵니다. 길가에 앉아 구걸하다가 예수님께서 지나가신다는 소식을 듣고 크게 외쳤습니다. "다윗의 자손 예수여! 나를 불쌍히 여기소서!" 앞서 가는 사람들이 그를 꾸짖으며 "잠잠하라" 하였지만 더욱 크게 소리 질러 외쳤습니다. "다윗의 자손 예수여! 나를 불쌍히 여기소서!"

예수님께서 머물러 서서 데려오게 하시고 물으셨습니다. "네게 무엇을 하여 주기를 원하느냐?", "주여, 보기를 원하나이다!", "보아라 네 믿음이 너를 구원하였느니라." 예수님 말씀이 끝나자마자 놀라운 역사가 일어났습니다. 그가 눈을 떠서 볼 수 있게 된 것입니다. 이에 그는 하나님께 영광 돌리며 예수님을 좇았고, 많은 사람이 이를 보고 하나님을 찬양하였습니다.

예수님께서 "네게 무엇을 하여 주기를 원하느냐" 물으신 것이 바로 근본의 소리입니다. 이에 눈먼 사람이 "주여 보기를 원하나이다" 했을 때 "보아라 네 믿음이 너를 구원하였느니라" 하고 다시 근본의 소리를 발하십니다. 근본의 소리란, 태초에 "빛이 있으라" 하시며 말씀으로 천지 만물을 창조하시던 하나님의 근본된 소리를 뜻하지요. 이처럼 근본의 소리를 발하실 때 눈먼 사람이 볼 수 있게 된 것은 응답받기에 합당한 조건을 갖추었기 때문입니다. 그러면 눈먼 사람이 어떻게 응답받을 수 있었는지 구체적으로 살펴보도록 하겠습니다.

## 예수님을 중심에서 신뢰해야

예수님께서는 각 성과 마을을 두루 다니며 천국 복음을 전파하고 표적을 나타내며 말씀을 확증하셨습니다. 걷지 못하는 사람이 일어나 뛰고 문둥병이 치료되었으며, 눈먼 사람이 눈을 뜨고 말 못하는 사람이 말을 하며, 듣지 못하는 사람이 듣고 귀신이 나가는 등 갖가지 질병과 연약한 사람을 고치신 것입니다. 이러한 소문은 널리 퍼졌고 예수님이 어디를 가시든지 많은 사람이 모여들었습니다.

그러던 어느 날, 예수님께서 여리고에 이르렀는데 마침 길가에 구걸하기 위해 앉아 있던 눈먼 사람이 무리가 지나가는 소리를 들으며 무슨 일인지 물었습니다. 이에 누군가가 "나사렛 예수께서 지나신다."라고 알려 주었습니다. 그러자 그는 아무런 주저함 없이 큰 소리로 외쳤지요.

"다윗의 자손 예수여! 나를 불쌍히 여기소서!"

그가 큰 소리로 부르짖은 까닭은 예수님이 분명 자신의 눈을 뜨게 해 줄 수 있는 분임을 믿었기 때문입니다. 또한 "다윗의 자손 예수여"라고 한 것은 예수님이 구세주로 오신 분임을 믿는다는 믿음의 고백이기도 하였습니다. 이스라엘 백성이라면 누구나 다윗의 자손에게서 구세주가 태어난다는 사실을 알고 있었던 것입니다. 이처럼 예수님을 구세주로 인정하고 눈을 뜨게 해 줄 수 있는 분임을 믿었다는 것이 바로 그가 응답받을 수 있었던 첫 번째 이유입니다.

그는 비록 눈이 멀어서 앞을 볼 수 없지만 예수님에 대한 소문은 많이 들었습니다. 그분은 사람의 힘으로는 도저히 해결할 수 없는 문제를 해결하실 수 있음을 알고 있었던 것입니다. 그래서 '믿음은 들음에서 난다'(롬 10:17)는 말씀처럼 예수님 앞에 나아가기만 하면 눈을 떠 볼 수 있다는 믿음을 가질 수 있었습니다. 그만큼 마음이 선했기 때문에 소문을 듣고 믿을 수 있었지요.

마찬가지로 우리도 마음이 선할수록 복음을 들을 때 영적 믿음을 갖습니다. 복음은 선한 소식이고, 예수님에 대한 소문도 선한 소식이기 때문에 마음이 선한 사람은 그대로 받아들입니다. 예를 들어 "기도받고 불치병이 치료됐다." 하면 마음이 선한 사람은 함께 기뻐해 주고, 비록 다 믿어지지 않는다 할지라도 "그게 사실이라면 정말 좋은 일이다." 말합니다.

그러나 마음이 선하지 않은 사람은 보지도 않고 의심부터 합니다. 심지어 "거짓말로 사람들을 미혹한다." 하면서 판단하고 정죄하기도 합니다. 하나님께서 베푸신 성령의 역사를 "거짓이다, 조작이다." 한다면 성령을 훼방하는 것과 같습니다.

"사람의 모든 죄와 훼방은 사하심을 얻되 성령을 훼방하는 것은 사하심을 얻지 못하겠고 또 누구든지 말로 인자를 거역하면 사하심을 얻되 누구든지 말로 성령을 거역하면 이 세상과 오는 세상에도 사하심을 얻지 못하리라"(마 12:31~32)

행여 하나님의 권능이 나타나는 교회나 주의 종을 잘 알지 못한 채 의심하고 판단했다면 회개해야 합니다. 그래야 하나님과 막힌 죄의 담을 헐고 응답받을 수 있습니다. 요한일서 1장 9절에 "만일 우리가 우리 죄를 자백하면 저는 미쁘시고 의로우사 우리 죄를 사하시며 모든 불의에서 우리를 깨끗게 하실 것이요" 하셨으니 조금이라도 거리낌이 있다면 하나님 앞에 철저히 통회자복하고 빛 가운데 거하기 바랍니다.

### 응답받으려면 공의에 맞게 부르짖어 간구해야

눈먼 사람은 예수님께서 지나가신다는 소리를 듣자 "다윗의 자손 예수여 나를 불쌍히 여기소서"라고 큰 소리로 부르짖었습니다. 그러면 왜 그가 크게 부르짖어야만 했을까요?

창세기 3장 17절을 보면 하나님께서 "아담에게 이르시되 네가 네 아내의 말을 듣고 내가 너더러 먹지 말라 한 나무 실과를 먹었

은즉 땅은 너로 인하여 저주를 받고 너는 종신토록 수고하여야 그 소산을 먹으리라" 하셨습니다. 사람의 시조인 아담이 선악과를 먹기 이전에는 수고하지 않아도 하나님께서 공급해 주시는 것으로 마음껏 먹고 살 수 있었지요. 그러나 하나님 말씀에 불순종하여 선악과를 먹은 후에는 죄가 들어오고 육의 사람으로 전락하니 그때부터는 땀 흘려 수고해야 먹을 수 있게 되었습니다.

그것이 바로 하나님께서 정하신 공의이므로 우리가 하나님으로부터 응답받기 위해서도 땀을 흘려야 합니다. 즉 마음과 뜻과 정성을 다해 부르짖어 기도하는 수고를 해야 응답받을 수 있습니다. 그래서 예레미야 33장 3절에 "너는 내게 부르짖으라 내가 네게 응답하겠고 네가 알지 못하는 크고 비밀한 일을 네게 보이리라" 약속하신 것입니다. 누가복음 22장 44절에도 "예수께서 힘쓰고 애써 더욱 간절히 기도하시니 땀이 땅에 떨어지는 핏방울같이 되더라" 기록하고 있지요.

예수님께서는 죽은 지 나흘이 된 나사로를 살리실 때에도 큰 소리로 "나사로야 나오라" 부르셨으며(요 11:43), 십자가에 달려 물과 피를 다 쏟으시고 운명하실 때에도 큰 소리로 "아버지여 내 영혼을 아버지 손에 부탁하나이다" 하셨습니다(눅 23:46). 아무런 죄가 없는 예수님도 이 땅에 육신을 입고 왔기 때문에 하나님께서 정하신 공의에 맞도록 부르짖어 기도하셨습니다. 하물며 인간 경작을 받는 피조물의 입장에서 더군다나 사람의 능력으로는 불가능한 문제를 응답받고자 할 때 어찌 편히 앉아 있을 수 있겠습니까. 그러므로 눈먼 사람이 응답받을 수 있었던 두 번째 이유는 공의에 맞도록 부르짖어 구했기 때문입니다.

야곱이 얍복강에서 환도뼈가 어긋나면서까지 기도하여 하나님의 축복을 받았듯이(창 32:24~30), 엘리야가 얼굴을 무릎 사이에 넣고 3년 반의 가뭄 끝에 큰 비가 내릴 때까지 기도했듯이(왕상 18:42~46), 마음과 뜻과 정성, 믿음과 사랑을 가지고 중심을 다해 기도해야 하나님을 감동시키고 신속히 응답을 받을 수 있습니다. 부르짖어 기도하라는 말씀은 악을 쓰며 듣기에 거북하게 기도하라는 것이 아닙니다. 하나님의 뜻에 합한 기도나 응답받는 기도의 요령에 대해서는 주제설교 모음집 『시험에 들지 않게 깨어 기도하라』를 참고하시기 바랍니다.

### 변개하지 않는 온전한 믿음이 있어야

어떤 사람은 "하나님은 사람의 중심까지 알고 계시기 때문에 크게 소리 내어 기도할 필요가 없다."고 말합니다. 하지만 그렇지 않습니다. 눈먼 사람도 "잠잠하라"는 꾸짖음을 들었지만 이전보다 더 크게 소리 질러 간절히 구했습니다. 사람의 말에 순종한 것이 아니라 간절한 심정으로 공의에 맞도록 구한 것입니다. 이처럼 어떤 상황에서도 변개하지 않는 온전한 믿음을 내보인 것이 눈먼 사람이 응답받을 수 있었던 세 번째 이유입니다.

만일 그가 잠잠하라고 꾸짖으니 기분이 상하거나 낙심하여 잠잠했다면 결코 응답받지 못했을 것입니다. 눈먼 사람은 예수님을 만나면 앞을 볼 수 있게 된다는 믿음이 매우 확고했기 때문에 누가 뭐라고 한들 그 순간을 놓칠 수 없었지요. 자신의 자존심을 내세울 때가 아닙니다. 이처럼 그는 어떤 어려움이 있더라도 굴하지 않고 간절히 부르짖어 응답을 받을 수 있었습니다.

마태복음 15장에는 겸비한 마음으로 예수님께로부터 응답을 받은 가나안 여인에 대한 기록이 나옵니다. 예수님께서 두로와 시돈 지방으로 가셨을 때 한 여인이 예수님께 나아와 자신의 딸에게서 귀신을 쫓아 주기를 간청하였습니다. 그러자 예수님께서는 무어라 하셨습니까? "자녀의 떡을 취하여 개들에게 던짐이 마땅치 아니하니라" 하셨지요. 이스라엘 백성을 자녀에 비유하고, 그 가나안 여인은 개에 비유하신 것입니다.

여느 사람 같으면 자신을 개 취급하는 말을 듣고 매우 불쾌하게 여기며 돌아갔을 터인데, 이 여인은 달랐습니다. "주여 옳소이다마는 개들도 제 주인의 상에서 떨어지는 부스러기를 먹나이다" 하며 겸손히 은혜를 구했습니다. 그러자 예수님께서 감동하여 "여자야 네 믿음이 크도다 네 소원대로 되리라" 하시니 곧바로 여인의 딸이 나았습니다. 이 여인은 모든 자존심을 버리고 자신을 철저히 낮춤으로써 즉시 응답을 받은 것입니다.

그런데 어떤 분은 큰 문제를 해결하기 위해 하나님 앞에 나왔으면서도 사소한 일로 감정이 상하여 돌아가 버리거나 전적으로 하나님만을 의뢰하지 못합니다. 그러나 진정 어떤 어려운 문제라도 해결할 수 있다는 믿음이 있다면, 변함없이 겸비한 마음으로 하나님께 은혜를 구하게 됩니다.

### 겉옷을 내버리는 순종의 행함이 있어야

예수님께서 여리고로 들어가실 때에 눈먼 사람이 응답을 받았는데, 마가복음 10장 46~52절을 보면 여리고를 떠나실 때에도 예수님께서 눈먼 사람의 눈을 떠서 보게 한 기록이 나옵니다. 바로 소경 거지 바디매오가 그 주인공이지요. 그 역시 예수님께서 지나가신다는 소리를 듣고 크게 소리 지르며 간구했습니다. 이에 예수님께서 그를 불러오게 하셨는데 이때 그의 행동을 주목해 보아야 합니다. "소경이 겉옷을 내어버리고 뛰어 일어나 예수께 나아오거늘" 했습니다. 여기서 겉옷을 내버리고 예수님께 나온 것이 바로 그가 응답받을 수 있었던 이유입니다.

겉옷을 내버린 데에 어떤 영적 의미가 담겨 있기에 응답받는 조건이 될까요? 거지의 옷은 더럽고 심하게 냄새가 나지만 자신의 몸을 지켜 줄 수 있는 단 하나뿐인 재산입니다. 그러나 바디매오는 추하고 냄새나는 옷을 입고는 도저히 예수님 앞에 나갈 수 없다는 마음이었습니다.

자신이 만나고자 하는 예수라는 분은 매우 거룩하고 깨끗하신 분입니다. 많은 사람에게 은혜를 주고 치료해 주며, 가난한 사람들에게 소망을 주고, 병든 사람에게 희망을 주는 좋은 분임을 알았지요. 그러니 냄새나고 추한 옷을 입고는 예수님 앞에 나갈 수 없다는 양심의 소리를 듣고 즉시 순종하여 겉옷을 내버린 것입니다.

바디매오는 성령받기 전이었으나 선한 양심의 소리를 듣고 순종하였습니다. 자신의 유일한 재산이자 가장 소중한 겉옷이라도 즉시 내버린 것입니다. 한편 겉옷은 영적으로 우리의 추하고 냄새나는 마음을 뜻합니다. 자존심, 교만 등 온갖 더러운 비진리의 마음입니다. 여기에는 우리가 거룩하신 하나님을 만나기 위해서는 추하고 냄새나는 모든 죄를 벗어 버려야 한다는 영적 의미가 담겨 있습니다. 진정 응답받기 원한다면 성령의 음성에 순종하여 성령께서 떠올려 주시는 죄목을 낱낱이 회개해야 합니다. 또한 거지 바디매오처럼 성령의 음성으로 주관해 주시는 것에 주저함 없이 순종해야 합니다.

### 믿음의 고백을 들으시고 응답하시는 하나님

온전한 믿음을 가지고 간구하는 눈먼 사람에게 예수님께서 "네게 무엇을 하여 주기를 원하느냐?" 물으십니다. 예수님께서 그의 소원이 무엇인지 모르셨을까요? 이미 알고 있지만 굳이 물으신 까닭은 응답받으려면 반드시 믿음의 고백이 필요하기 때문입니다. 자신의 입술로 믿음을 고백할 때 비로소 응답받을 수 있는 것이 하나님의 공의이지요.

눈먼 사람이 응답받을 수 있는 합당한 자격을 갖추었기 때문에 예수님께서는 응답을 주고자 "무엇을 하여 주기를 원하느냐" 물으신 것입니다. 이에 "보기를 원하나이다" 고백하니 그대로 응답됩니다. 이처럼 전지전능한 하나님의 공의에 맞게 합당한 자격을 갖추면 무엇을 구하든지 그대로 응답받을 수 있습니다.

알라딘의 요술 램프를 아십니까? 램프를 세 번 문지르면 램프 안에서 거인이 나와 어떤 소원이든 세 가지를 들어 주지요. 사람들이 지어낸 이야기에 불과하지만 우리에게는 알라딘의 요술 램프보다 더 신기하고 능력 있는 응답의 열쇠가 있습니다. 바로 예수님께서 요한복음 15장 7절에 "너희가 내 안에 거하고 내 말이 너희 안에 거하면 무엇이든지 원하는 대로 구하라 그리하면 이루리라" 약속하신 말씀입니다.

무엇이든지 하실 수 있는 창조주 하나님의 능력을 믿으십니까? 그렇다면 우리가 주님 안에 있고 말씀이 우리 마음 안에 있게 하면 됩니다. 그러므로 믿음과 순종으로 주님과 하나 되어 "네게 무엇을 하여 주기를 원하느냐?"는 근본의 소리를 발하실 때 담대하게 소원을 고백하고 응답받기 바랍니다.

히로우치 아끼요 (여, 66세 • 일본 마이즈루)

# 손녀의 심장중격결손증이 치료되고

2005년 초, 쌍둥이 손녀가 태어나 우리 가정에 기쁨이 가득 찼다. 하지만 기쁨도 잠시, 생후 3, 4개월이 되자 둘째인 미끼 유우나에게 호흡곤란 증세가 나타났다.
병원 진단 결과, '심장중격결손증'으로 심장에 4~5㎜의 구멍이 나 있다는 것이다. 목을 가누는 것도, 젖을 빠는 것도 힘겨워 튜브를 통해 우유를 코로 주입해야 했다.

위독한 상태여서 유명 대학병원인 교토대학 소아과 전문의사가 마이즈루 시민병원으로 직접 왔다. 아기의 몸이 너무 약해서 먼 거리에 있는 대학병원으로 옮기지 못하고 시민병원 보육기 안에서 치료해야 했다.

김건태 목사(오사카·마이즈루만민교회 담임)가 손녀의 사진 위에 이재록 목사에게 기도받은 손수건을 얹고 기도해 주었다. 또한 서울에 사진과 함께 서신을 보내 기도를 요청했다.

당시 인터넷 예배를 드릴 수 없는 상황이어서 6월 10일 금요일, 만민중앙교회 금요철야예배를 녹화한 후 가족과 함께 이 목사의 기도를 받았다.

"아버지 하나님, 이 시간 시공간을 초월하여 역사해 주옵소서. 일본에 있는 히로우치 아끼요 성도의 손녀 미끼 유우나 위에 친히 안수하여 주옵소서. 심장중격결손증아 물러가라. 성령의 불로, 불로, 불로 태워 깨끗하고 강건함을 받을지어다…."

다음 날인 6월 11일, 신기한 일이 일어났다. 스스로 호흡할 수 없던 손녀의 몸 상태가 호전되어 호흡기를 떼게 되었다.

"아기가 이렇게 빨리 회복된 것은 기적과 같습니다!" 의사는 놀라움을 감추지 못했다.

그 뒤 손녀는 무럭무럭 성장했다. 체중이 2.4kg이었으나 기도받은 뒤 약 2개월 후에는 5kg까지 늘어 혈색도 좋아졌으며, 울음소리도 힘이 넘쳤다.
기적적인 회복을 눈으로 지켜보면서 2005년 8월, 만민중앙교회에 등록하였다. 하나님 앞에 변함없는 믿음으로 달려갈 것을 아시고 치유의 역사를 베풀어 주셨음을 깨달았다.

나는 마이즈루에 만민교회를 건축할 수 있도록 헌신했다. 드디어 마이즈루만민교회가 개척되었다. 그리고 3년 후 나와 성도들의 마음을 모아 아름다운 성전을 구입할 수 있었다.
지금은 손녀를 치료해 주신 은혜를 넘어, 참 생명의 길로 인도하신 하나님 은혜에 감사하며 열심히 충성 봉사하고 있다.

-『희한한 능』 中에서-

# 네 믿은 대로 되어라

“
예수님의 입에서 나온 근본의 소리는
온 땅에 통하고 세계 끝까지 이르므로
공간을 초월하여 능력이 나타납니다.
”

예수께서 백부장에게 이르시되
가라 네 믿은 대로 될지어다 하시니
그 시로 하인이 나으니라

마태복음 8:13

환난을 당하고 어려움에 빠져 헤어날 길이 없어 보일 때, 하나님께서 아주 멀리 떨어져 계신 것 같고 마치 자신을 외면하는 것처럼 느끼는 사람이 많습니다. 어떤 사람은 '여기에 있는 나를 아실까?' 생각하기도 하고, 기도를 하면서도 '내 기도를 듣고 계실까?' 의심하기도 합니다. 전지전능한 하나님께 대한 믿음이 부족한 까닭입니다.

다윗은 인생의 온갖 역경을 체험했지만 "내가 하늘에 올라갈지라도 거기 계시며 음부에 내 자리를 펼지라도 거기 계시니이다 내가 새벽 날개를 치며 바다 끝에 가서 거할지라도 곧 거기서도 주의 손이 나를 인도하시며 주의 오른손이 나를 붙드시리이다" 고백하였습니다(시 139:8~10). 이처럼 창조주 하나님께서는 시간과 공간을 초월하여 온 우주 만물을 통치하는 분이십니다. 사람 편에서는 세상이 넓고 멀게만 느껴져도 하나님 편에서는 그러한 것이 아무런 문제가 되지 않습니다.

이사야 57장 19절을 보면 "입술의 열매를 짓는 나 여호와가 말하노라 먼 데 있는 자에게든지 가까운 데 있는 자에게든지 평강이 있을지어다 평강이 있을지어다 내가 그를 고치리라" 하셨습니다.

여기서 입술의 열매를 짓는다는 것은 하나님께서 한 번 내신 말씀은 반드시 성취됨을 의미합니다(민 23:19).

이사야 55장 11절에도 "내 입에서 나가는 말도 헛되이 내게로 돌아오지 아니하고 나의 뜻을 이루며 나의 명하여 보낸 일에 형통하리라" 하셨습니다. 하나님께서 근본의 소리를 발하시면 시공을 초월하여 전 세계 곳곳에 역사되므로 능치 못할 일이 없지요.

## 근본의 소리에 순종하는 모든 피조물

창조주 하나님께서는 근본의 소리로 천지 만물을 창조하셨습니다. 그래서 모든 피조물은 비록 무생물이더라도 근본의 소리에 순종합니다. 마치 오늘날의 '음성인식 장치'가 특정한 음성에만 반응하여 작동하는 것처럼 하나님께서 창조하신 천지 만물에도 근본의 소리가 배어 있어서 그 소리를 발하면 그대로 순종하는 것입니다.

하나님의 본체이신 예수님께서도 근본의 소리를 발하셨습니다. 마가복음 4장 39절에 "예수께서 깨어 바람을 꾸짖으시며 바다더러 이르시되 잠잠하라 고요하라 하시니 바람이 그치고 아주 잔잔하여지더라" 하신 대로 바람과 바다라도 순종한 것입니다. 그러니 귀도 있고 이성도 있는 사람이라면 당연히 근본의 소리에 순종해야 합니다. 그런데 그렇지 않은 이유는 무엇일까요?

만일 주인이 100개의 기계에 "Yes(예)"란 음성이 들리면 열리도록 장치를 해 두었다고 합시다. 그런데 누군가가 그중에 40개를 조작하여 "No(아니오)"라는 음성이 들려야 열리도록 바꿨다면 주인이 아무리 "Yes", "Yes" 하고 외쳐도 열리지 않습니다. 이처럼 사람은 아담의 범죄로 근본의 소리를 들을 수 없게 되었습니다.

## 근본의 소리를 듣지 못하게 된 사람

아담은 원래 생령으로 지어져 하나님 말씀인 진리만 듣고 순종했습니다. 그런데 하나님께서는 아담에게 영의 지식인 진리의 말씀을 가르치셨지만 순종할 것인지 아닌지는 스스로 선택할 수 있도록 하였습니다. 자유 의지를 주신 것입니다. 그 이유는 로봇과 같이 무조건 복종하는 자녀를 원하지 않았기 때문입니다. 스스로 우러나서 하나님 말씀에 순종하고 진심으로 하나님을 사랑하는 자녀를 원하셨지요. 그런데 아담은 오랜 세월이 지나자 사단의 미혹을 받았고, 결국 하나님 말씀에 거역하였습니다.

로마서 6장 16절에 "너희 자신을 종으로 드려 누구에게 순종하든지 그 순종함을 받는 자의 종이 되는 줄을 너희가 알지 못하느냐 혹은 죄의 종으로 사망에 이르고 혹은 순종의 종으로 의에 이르느니라" 하신 대로 불순종한 아담의 후손은 죄의 종, 원수 마귀 사단의 종이 되고 말았습니다. 원수 마귀 사단이 사주하는 대로 생각하고 말하고 행동하며 죄에 죄를 더하다가 결국 사망으로 갈 수밖에 없는 처지가 된 것입니다. 그런데 하나님의 섭리 가운데 예수님께서 육신을 입고 이 땅에 오셔서 인류의 모든 죄를 대속하시는 속죄 제물로 죽었다가 사망 권세를 깨뜨리고 부활하셨습니다.

그래서 로마서 8장 2절에 "이는 그리스도 예수 안에 있는 생명의 성령의 법이 죄와 사망의 법에서 너를 해방하였음이라" 하신 대로 예수 그리스도를 마음으로 믿고 빛 가운데 행하는 사람은 더 이상 죄의 종이 아닙니다. 예수 그리스도를 믿음으로 하나님의 근본의 소리를 다시 들을 수 있게 되었습니다. 듣고 순종하는 사람들은 무엇이든지 구하는 대로 응답받을 수 있게 된 것입니다.

## 근본의 소리에 응답받지 못하는 이유

간혹 "예수 그리스도를 믿고 죄를 용서받았는데 왜 치료되지 않는 것일까요?", "왜 기도해도 문제가 해결되지 않을까요?" 질문하는 분들을 봅니다. 그렇다면 성경에 기록된 하나님 말씀대로 얼마나 순종하셨는지요? 하나님을 믿는다면서도 세상을 사랑하고 거짓말로 속이며 나쁜 행동을 하지는 않았는지, 온전한 주일을 지키며 온전한 십일조 생활을 했는지, 하나님께서 '하라', '하지 말라', '지키라', '버리라' 하신 것들을 순종하는지 자신을 점검해 보시기 바랍니다.

만일 이 질문에 거리낌 없이 대답할 수 있다면 무엇이든지 구하는 대로 응답받을 수 있습니다. 설령 응답되지 않더라도 중심에서 감사하며 변함없이 하나님을 의지할 것입니다. 이처럼 변함없는 믿음을 내보이면 하나님께서도 지체하지 않고 응답하십니다. 바로 근본의 소리를 발하여 "네 믿은 대로 될지어다" 하셨으니 무엇이든지 믿음대로 이루어질 수 있습니다.

### 선한 마음을 지닌 백부장의 믿음

마태복음 8장에는 믿음으로 응답받은 백부장이 나옵니다. 예수님의 소문을 듣고 찾아온 그는 예수님께서 발하시는 근본의 소리에 곧바로 하인의 질병이 치료되는 응답을 받았습니다.

그 당시, 이스라엘은 로마의 지배를 받았으며 로마 군대는 휘하에 거느리는 군인의 수에 따라서 십부장, 오십부장, 백부장, 천부장 등으로 직위가 구분되었습니다. 그러한 로마 군대의 백부장이 이스라엘의 가버나움이라는 지역에 파견되어 있으면서 예수님에 대한 소문을 들었습니다. 예수라는 분이 사랑과 선과 긍휼의 말씀을 가르친다는 소문을 접한 것입니다.

예를 들어, 예수님께서는 "눈은 눈으로, 이는 이로 갚으라 하였다는 것을 너희가 들었으나 나는 너희에게 이르노니 악한 자를 대적지 말라 누구든지 네 오른편 뺨을 치거든 왼편도 돌려 대며"라고 하셨지요(마 5:38~39). 또한 "네 이웃을 사랑하고 네 원수를 미워하라 하였다는 것을 너희가 들었으나 나는 너희에게 이르노니 너희 원수를 사랑하며 너희를 핍박하는 자를 위하여 기도하라" 하셨습니다(마 5:43~44). 선한 사람들은 이런 말씀을 들으면 감동을 받습니다.

마음이 선한 백부장은 이러한 말씀 외에도 예수님께서 사람으로서 할 수 없는 놀라운 기사와 표적도 나타낸다는 소문을 들었습니다. 저주의 상징인 문둥병도 고쳐지고 눈먼 사람이 눈을 떠서 보게 되며 말 못하는 사람이 말을 하고, 듣지 못하는 사람이 들으며 서지 못하는 사람이 일어나 걷고 저는 사람도 온전케 된다는 소문을 그는 그대로 믿었습니다.

그런데 예수님에 관한 소문을 들을 때 사람들의 반응도 저마다 달랐습니다. 첫 번째 부류는 자기적 신앙의 단단한 틀로 인해 하나님의 역사를 보아도 깨닫지 못하고 오히려 판단하고 정죄하는 사람들입니다.

당시 사회에서 기득권을 가진 바리새인들과 서기관들, 대제사장, 제사장, 장로들이 그러했습니다. 그들은 예수님에 대해 심지어 "이가 귀신의 왕 바알세불을 힘입지 않고는 귀신을 쫓아내지 못하느니라"(마 12:24) 말하기도 했습니다. 사람의 악 속에서 영적으로 무지한 말을 쏟아낸 것이지요.

두 번째 부류는 예수님을 하나님의 큰 선지자 정도로 믿고 따르는 사람들입니다. 그래서 예수님께서 죽은 청년을 살리시자 "모든 사람이 두려워하며 하나님께 영광을 돌려 가로되 큰 선지자가 우리 가운데 일어나셨다 하고 또 하나님께서 자기 백성을 돌아보셨다"(눅 7:16) 한 것입니다.

세 번째 부류는 예수님이 하나님의 아들이심과 구세주가 되기 위해 이 땅에 오신 분임을 마음으로 깨닫고 믿는 사람들입니다. 태어날 때부터 눈이 멀었으나 예수님을 만나 눈을 뜨게 된 사람은 "창세 이후로 소경으로 난 자의 눈을 뜨게 하였다 함을 듣지 못하였으니 이 사람이 하나님께로부터 오지 아니하였으면 아무 일도 할 수 없으리이다" 고백했습니다(요 9:32~33). 그리고 예수님이 구세주로 오신 분임을 깨닫고 "주여 내가 믿나이다" 하면서 절하였지요. 이처럼 마음이 선한 사람은 예수님의 행하시는 일을 보고도 하나님의 아들임을 알고 믿습니다.

요한복음 14장 11절에 예수님께서도 "내가 아버지 안에 있고 아버지께서 내 안에 계심을 믿으라 그렇지 못하겠거든 행하는 그 일을 인하여 나를 믿으라" 하시지요. 만일 우리가 예수님 당시에 살았다면 세 부류 중 어디에 속하겠습니까? 백부장은 세 번째 부류에 속한 사람이기 때문에 예수님의 소문을 그대로 믿고 그 앞에 나온 것입니다.

### 시공을 초월한 역사를 체험한 백부장

백부장이 예수님께 "네 믿은 대로 될지어다"라는 말씀을 듣고 그 즉시 시공을 초월한 응답을 받은 이유는 무엇일까요? 그에게는 무엇보다 예수님에 대한 온전한 신뢰가 있었기 때문입니다. 예수님께서 무엇을 명하셔도 순종할 마음이었습니다. 특히 그는 영혼에 대한 진실한 사랑을 가진 사람이었습니다.

마태복음 8장 6절을 보면 백부장이 예수님 앞에 나아와 "주여, 내 하인이 중풍병으로 집에 누워 몹시 괴로워하나이다" 하며 간구하였습니다. 자신의 부모나 형제, 자녀가 아닌 하인의 고통을 자신의 고통으로 느끼며 예수님 앞에 직접 찾아왔으니 어찌 감동을 받지 않으시겠습니까.

더구나 중풍은 뛰어난 의술로도 치료하기 어려운 무거운 질병입니다. 몸의 일부분이 마비되어 자유롭게 움직일 수 없으니 주변 사람들의 도움이 많이 필요하지요. 질병의 경중에 따라 차이는 있겠지만 씻는 일, 먹는 일, 옷을 갈아입는 일 등 하나에서 열까지 일일이 다른 사람의 도움을 받아야 합니다. 게다가 병을 앓는 시간이 오래되면 '긴 병에 효자 없다'는 말처럼 변함없이 사랑과 정성으로 돌봐 주는 사람도 찾아보기가 어렵습니다. 가족이라도 내 몸과 같이 사랑할 수 있는 사람이 그리 많지 않기 때문입니다.

간혹 가족이 하나 되어 사랑으로 간절히 기도할 때 응답받기 어려운 질병이 치료되거나 이미 생명선을 넘어버린 환자가 소생하는 경우를 볼 수 있습니다. 사랑의 간구와 행함이 하나님의 마음을 지극히 감동시키므로 하나님께서도 공의를 뛰어넘는 사랑을 베풀어 주시는 것입니다.

백부장은 예수님께서 하인의 중풍을 치료하실 수 있다는 온전한 신뢰가 있었기에 간청하였고 결국 응답받을 수 있었습니다. 백부장이 응답받을 수 있었던 또 하나의 이유는 예수님 앞에 온전한 믿음과 순종할 마음 자세를 내보였기 때문입니다.

예수님께서는 하인을 자기 몸처럼 사랑하여 간구하는 백부장에게 "내가 가서 고쳐 주리라" 말씀하십니다. 그런데 그는 뜻밖의 말을 합니다.

"주여 내 집에 들어오심을 나는 감당치 못하겠사오니 다만 말씀으로만 하옵소서 그러면 내 하인이 낫겠삽나이다"(마 8:8)

대부분의 사람은 예수님께서 집에까지 오신다니 얼마나 기쁘고 감사하겠습니까. 그러나 백부장은 그 믿음이 참되었기 때문에 이처럼 담대히 고백할 수 있었습니다.

또한 무엇을 말씀하셔도 순종할 마음 자세였습니다. 그가 한 말에서도 잘 알 수 있지요. "나도 남의 수하에 있는 사람이요 내 아래도 군사가 있으니 이더러 가라 하면 가고 저더러 오라 하면 오고 내 종더러 이것을 하라 하면 하나이다" 합니다. 예수님께서는 그의 믿음을 기이히 여기시며 "이스라엘 중 아무에게서도 이만한 믿음을 만나 보지 못하였노라" 칭찬하셨습니다(마 8:9~10).

우리도 하나님 말씀에 '하라' 하는 것은 하고, '하지 말라' 하는 것은 하지 않으며, '지키라' 하는 것은 지키고, '버리라' 하는 것을 버렸다면 하나님 앞에 무엇이든지 담대하게 구할 수 있습니다. 요한일서 3장 21~22절에 "만일 우리 마음이 우리를 책망할 것이 없으면 하나님 앞에서 담대함을 얻고 무엇이든지 구하는 바를 그에게 받나니 이는 우리가 그의 계명들을 지키고 그 앞에서 기뻐하시는 것을 행함이라" 하셨기 때문입니다.

백부장에게는 다만 말씀만으로도 능력을 베푸실 수 있는 예수님께 대한 온전한 믿음이 있었습니다. 또한 지배국인 로마 군대의 지휘관이면서도 예수님 앞에 자신을 겸비하게 낮추며 온전히 순종할 자세를 지녔기 때문에 즉시 응답받은 것입니다. 마태복음 8장 13절을 보면 예수님께서 백부장에게 이르시되 "가라 네 믿은 대로 될지어다" 하시니 곧바로 하인이 나았습니다. 예수님께서 근본의 소리를 발하시니 백부장의 믿음대로 시공을 초월하여 즉시 응답된 것입니다.

## 시공을 초월한 권능의 역사들

시편 19편 4절에는 근본의 소리에 대해 "그 소리가 온 땅에 통하고 그 말씀이 세계 끝까지 이르도다" 설명하고 있습니다. 이처럼 예수님의 입에서 나온 근본의 소리도 온 땅에 통하고 세계 끝까지 이르므로 거리의 멀고 가까움에 상관없이 공간을 초월하여 능력이 나타납니다. 또한 근본의 소리는 시간을 초월하기 때문에 한 번 하신 말씀은 사라지지 않고 당장이 아니더라도 상대가 응답받을 그릇 준비를 갖추면 그 말씀대로 이루어집니다.

시공을 초월한 권능의 역사는 우리 교회에서도 무수히 나타나고 있습니다. 몇 년 전, 한국에 와 있던 파키스탄의 마리아라는 자매가 동생의 사진을 가지고 와서 기도받기를 요청했습니다. 그 당시 동생 신시아는 대장협착증을 동반한 셀리악 병으로 생명이 위독한 상태였습니다. 담당 의사는 수술을 해도 성공할 가능성이 희박하다고 했다는 것입니다. 그런 상황에서 저는 신시아의 사진에 손을 얹고 간절히 기도해 주었습니다. 그때부터 파키스탄에 있던 신시아의 병세가 호전되어 빠르게 건강을 회복했습니다.

또한 2003년 10월에는 우리 교회 부목사님의 사모님 한 분이 남동생의 사진을 가지고 와서 제게 기도를 요청하였습니다. 급성 혈소판 감소증으로 인해 눈, 코, 입 등으로 피가 나오며 폐와 장까지도 피가 스며들어 생명이 위독했던 것입니다. 사진에 손을 얹고 기도해 주자 그 시로 혈소판 수치가 급속히 올라가면서 병세가 호전되었습니다.

이러한 시공을 초월한 권능의 역사는 2003년 11월, 러시아 상트 페테르부르크에서 열린 러시아 연합대성회에서도 나타났습니다. 당시 성회 실황이 12개의 인공위성을 통해 러시아를 비롯한 유럽과 아시아, 그리고 북아메리카와 중남미 지역까지 전 세계 150여 개국에 생방송 또는 녹화 방송되었습니다. 또한 러시아 네 개의 도시와 인접 국가인 우크라이나의 키예프에서 스크린 성회가 동시에 진행되었지요.

뿐만 아니라 집에서 텔레비전을 통해 믿음으로 기도받은 사람들도 치료되어 간증을 이메일 등으로 보내왔습니다. 비록 한 장소에 같이 있지 않더라도 믿음으로 하나 되어 영의 공간 안에 함께 있으면 근본의 소리를 발할 때 동일하게 역사됩니다. 하나님 앞에 온전한 믿음과 순종, 진실한 사랑의 행함을 보인 백부장처럼 시공을 초월하여 역사하시는 하나님의 권능을 믿으면 무엇이나 응답받는 복된 삶을 영위할 수 있습니다.

1993년부터 2004년까지 지난 12년간 하나님의 뜻 가운데 개최된 '2주연속 특별부흥성회'는 해마다 수많은 분이 각종 질병은 물론 온갖 인생의 문제를 해결받고 구원의 길로 인도받는 시간이었습니다. 그럼에도 불구하고 하나님께서 2004년으로 부흥성회를 마치게 하셨는데 이는 또다른 도약을 위해서입니다.

하나님께서는 저에게 새로운 영의 공부를 시작하게 하시며 이전과는 다른 차원의 영의 세계에 대해 말씀해 주셨습니다. 처음에는 무슨 의미인지 알 수 없었습니다. 생소한 단어도 많았지만 하나님께서 뜻하신 바가 있으므로 언젠가는 깨우치리라 믿고 순종해서 배워 나갔습니다.

30여 년 전, 주의 종이 된 이후 오로지 금식하며 부르짖어 기도하여 하나님께 권능을 받았습니다. 때로는 더위나 혹독한 추위와 싸우며 10일, 21일, 40일을 금식하며 밤낮 하나님께 기도로 매달렸습니다. 그런데 하나님께서 말씀하시는 영의 공부는 그러한 것과는 비교할 수 없을 만큼 고된 훈련이었습니다. 몹시 생소하고 무슨 의미인지조차 모르는 말씀을 붙들고 그것을 이해하기까지 마치 얍복 강에서의 야곱과 같이 간절히 매달려 기도해야 했지요.

이와 함께 육의 몸도 여러 현상으로 고통을 받아야 했습니다. 마치 우주선을 타고 대기권을 벗어난 사람이 지구와 다른 환경에서 지내기 위해 많은 적응 훈련이 필요하듯이, 하나님께서 원하시는 차원에 이르는 과정에서 여러 가지 기이한 현상이 나타난 것입니다. 그러나 하나님께 대한 사랑과 믿음으로 매 순간 잘 이겨낼 수 있었고, 어느덧 아버지 하나님의 근본에 대해 또한 사랑과 공의의 법칙 등에 대해 많은 영의 지식을 습득할 수 있었습니다.

뿐만 아니라 하나님께서 원하시는 차원에 가까워질수록 권능도 크게 더해졌습니다. 기도를 받은 성도들이 축복을 받아 가는 속도는 물론, 질병이 치료되고 회복되는 속도도 빨라져 간증이 넘쳐났습니다.

하나님께서는 마지막 때에 사람으로서는 상상할 수도 없는 최고의 권능으로 하나님의 섭리를 이루기 원하십니다. 그래서 그러한 권능을 주시고 온 세상에 하나님의 영광을 선포할 구원의 방주로서 대성전을 건축하며, 이스라엘에 복음이 회귀되도록 역사하시는 것입니다. 현재 이스라엘은 기독교 집회를 허용하지 않을 만큼 복음 전파에 어려움이 많은 나라입니다. 가히 천지를 진동시킬 권능이 있어야 가능하고 이러한 섭리를 이루는 것이 바로 마지막 때 우리 교회에 주어진 사명인 것입니다(『권능』 책자 참조).

그러므로 하나님께서 모든 섭리를 마무리하실 때가 가까움을 깨우치고 신부 단장에 힘써 날마다 영혼이 잘되고 범사가 잘되는 축복을 받으시기 바랍니다. 뿐만 아니라 마지막 때 하나님의 섭리를 이루는 데 귀히 쓰이는 도구가 되어 마음껏 영광 돌리시기를 주님의 이름으로 기원합니다.

# 넷째 하늘을 소유하신 하나님의 권능

넷째 하늘은 근본 하나님의 공간으로서
삼위일체 하나님을 위한 곳이며 모든 것이 가능합니다.
무에서 유가 창조되고 마음 먹은 대로 이루어지며 고체가 액체로,
액체가 기체로, 기체가 고체로 자유자재로 변형될 수 있습니다.
이러한 넷째 하늘의 속성을 지닌 공간을 '4차원의 공간'이라고 합니다.

4차원의 공간을 통한 역사에는 창조의 역사를 비롯하여 생명을 주관하는 역사, 시공을 초월한 역사, 영의 공간을 활용하는 역사 등이 있으며 넷째 하늘을 소유하신 하나님의 권능은 어제나 오늘이나 변함없이 나타나고 있습니다.

## 1.창조의 역사

창조는 전에 없던 것을 처음으로 만드는 것을 말합니다.
태초에 하나님께서 말씀으로 천지 만물을 만드신 것이 바로 창조의 역사입니다.
하나님께서는 넷째 하늘을 소유하셨기 때문에 창조의 역사를 베푸실 수 있습니다.

### :: 예수님께서 베푸신 창조의 역사

요한복음 2장에 나오는 물로 포도주를 만드신 일도 창조의 역사에 해당합니다. 예수님께서 혼인 잔칫집에 초대받아 가셨는데, 마침 포도주가 떨어지고 말았습니다. 이를 안타깝게 여긴 마리아는 예수님께 사정을 이야기하며 도움을 청합니다. 예수님께서는 처음에 거절하셨지만, 마리아의 마음에는 여전히 믿음이 있었습니다. 난처한 입장이 된 잔칫집 주인을 위해 예수님께서 도와주시리라 믿었던 것입니다.

마리아의 온전한 믿음을 보신 예수님께서는 하인들에게 항아리에 물을 채운 뒤 떠서 연회장에게 갖다 주라고 하십니다. 그리고 나서 기도를 하거나 "물이 변하여 포도주가 되라"고 말씀으로 명하신 것이 아닙니다. 다만 그 일을 마음에 품으시니 여섯 개의 항아리에 담긴 물이 순간에 맛좋은 포도주로 바뀌었습니다.

## :: 엘리야를 통해 나타난 창조의 역사

열왕기상 17장에 나오는 사르밧 과부는 심히 어려운 형편에 있었습니다. 오랜 가뭄에 양식이 떨어져 가루 한 움큼과 기름 조금밖에 없었습니다.
그런데 엘리야는 그 남은 양식으로 자신이 먹을 작은 떡 하나를 만들어 가져오면 "이스라엘 하나님 여호와의 말씀이 나 여호와가 비를 지면에 내리는 날까지 그 통의 가루는 다하지 아니하고 그 병의 기름은 없어지지 아니하리라 하셨느니라"(왕상 17:14)라며 축복의 말씀을 줍니다. 이에 사르밧 과부는 어떤 이유나 변명도 없이 그대로 순종했습니다.

그 결과 엘리야와 과부와 그 식구가 가뭄이 그칠 때까지 먹었지만 과연 통의 가루가 다하지 아니하고 병의 기름이 없어지지 않았습니다(왕상 17:15~16). 여기서 가루 한 움큼과 조금뿐이던 기름이 떨어지지 않은 것은 계속 창조의 역사가 나타났다는 증거입니다.

## :: 모세를 통해 나타난 창조의 역사

출애굽기 15장 22~23절에 보면, 이스라엘 백성이 홍해를 건너 광야로 들어온 지 사흘이 되었으나 물을 얻지 못합니다. 마라에 이르러 물을 발견했으나, 그 물이 써서 먹지 못하자 백성들의 원성은 더 커졌습니다.
이에 모세가 하나님께 부르짖어 기도하자, 하나님께서는 한 나무를 지시하셨습니다. 모세가 그것을 물에 던지자, 물이 달아져 마실 수 있게 되었습니다. 이는 하나님께서 지시하신 나무에 쓴맛을 없애는 성분이 있었기 때문이 아닙니다. 모세의 믿음과 순종으로 인해, 하나님께서 창조의 역사를 베풀어 주신 것입니다.

권능의 단물터

## ∷ 창조의 역사가 나타난 무안만민교회

하나님께서는 지금도 끊임없이 창조의 역사를 베풀고 계십니다. 무안 단물이 그중에 하나입니다. 2000년 3월 4일, 제가 서울에서 무안만민교회의 짠물을 단물로 바꿔주시라고 기도했는데, 다음 날인 3월 5일에 그대로 응답된 것을 확인했습니다.

무안만민교회는 사면이 바다로 둘러싸여 있어서 우물을 파도 바닷물이 유입되어 짠물만 나오던 곳이었습니다. 그래서 3km쯤 떨어진 곳에서 식수를 공급받아 생활했는데, 불편한 점이 매우 많았습니다.

이에 무안만민교회 성도들은 출애굽기에 기록된 마라 사건을 떠올리며 한결같이 믿음을 고백하며 짠물이 단물이 되도록 기도해 달라고 간청했습니다. 그래서 2월 21일부터 10일간 작정한 산상기도 중에 무안만민교회를 기억하여 기도했습니다. 무안만민교회 성도들도 금식하며 교회를 위해 기도했다고 합니다.

저는 산기도 동안 오직 기도와 말씀에 매진했습니다. 이러한 저의 심음과 무안만민교회의 믿음이 하나님 보시기에 합당한 공의가 되어, 그처럼 놀라운 창조의 역사가 일어날 수 있었던 것입니다.
영안이 열려 보면, 하나님의 보좌로부터 내려온 빛줄기가 지하수를 끌어 올리는 파이프 끝부분까지 닿아있어 짠물이 그 빛기둥을 통과할 때 단물로 바뀌는 것입니다.
그런데 이 무안 단물은 단순한 음용수가 아닙니다. 믿음으로 사용할 때 그 믿음대로 치료와 응답이 됩니다. 무안 단물을 통한 간증 사례는 무수히 많으며, 국내외 많은 분들이 무안 단물터를 다녀가고 계십니다.

무안 단물은 미국 FDA(식품의약국)에서 안전성과 우수성을 인정받았습니다. 기능성 미네랄 음료 개념에서 실시된 미네랄, 경구독성, 중금속, 피부반응, 농약잔류물 등 5종의 검사 결과 인체에 안전하다는 것을 종합적으로 확인한 것입니다. 특히 인체에 필요한 주요 미네랄이 풍부했고, 그중 칼슘은 프랑스나 독일 등 세계적으로 유명한 샘물보다 3배 이상 높게 나타났습니다.

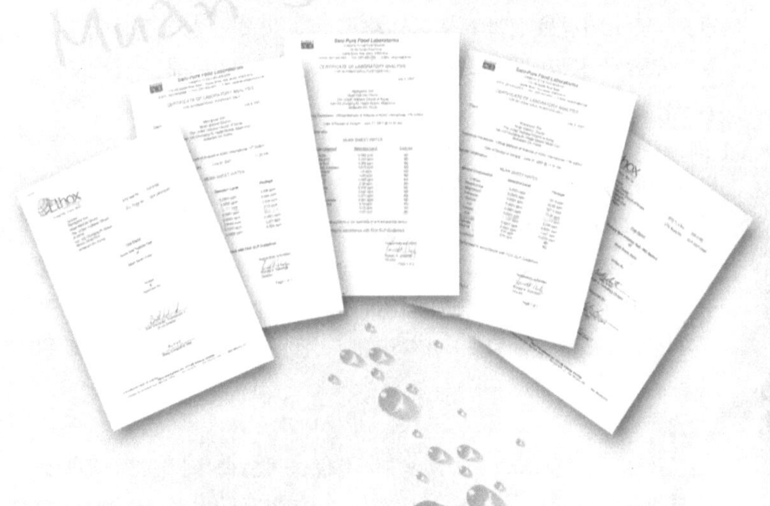

미국 FDA(식품의약국) 검사 결과

## 2. 생명을 주관하는 역사

넷째 하늘의 속성을 지닌 4차원의 공간에서는 죽은 것을 살릴 수 있고, 살아 있는 것을 죽일 수도 있습니다. 식물이든, 동물이든 생명 있는 것은 모두 해당합니다.

민수기 17장에 나오는 아론의 싹난 지팡이도 4차원의 공간이 입혀진 것입니다. 그래서 약 하루 정도의 시간에 생명이 없는 마른 나무 지팡이에서 움이 트고 꽃이 피어 살구 열매가 맺힌 것입니다. 마태복음 21장 19절에는 예수님께서 열매 없는 한 무화과나무를 보시고 "이제부터 영원토록 네게 열매가 맺지 못하리라" 하시자, 무화과나무가 곧 말랐습니다. 이 또한 4차원의 공간이 입혀져 이뤄진 일입니다.

요한복음 11장에는 예수님께서 죽은 지 나흘이 되어 이미 썩은 냄새가 나는 나사로를 살려 주신 장면이 나옵니다. 나사로는 단지 영혼이 돌아오는 것뿐만 아니라, 이미 썩은 살과 뼈가 다시 새롭게 되어야 하는 상태였습니다. 이처럼 육으로는 아무리 회복 불능의 상태라도 4차원의 공간에서는 순간에 회복될 수 있습니다.

우리 교회의 박건위 형제도 한쪽 눈의 시력을 완전히 잃었는데, 다시 볼 수 있게 됐습니다. 이 형제는 세 살 때 왼쪽 눈 백내장 수술을 받았는데, 후유증으로 심한 포도막염과 망막 박리 현상이 생겼습니다. 망막 박리 현상이란, 망막이 안구벽에서 들뜸으로 인해 제대로 보이지 않는 현상입니다. 게다가 안구가 쪼그라드는 안구 위축증까지 진행되고 있었습니다. 결국 2006년에 왼쪽 눈을 완전히 실명했습니다.

그런데 2007년 7월, 저의 기도를 받고 시력을 되찾았습니다. 빛조차 감지하지 못했던 왼쪽 눈의 시력이 0.1이 되었으며, 쪼그라든 안구도 정상 크기로

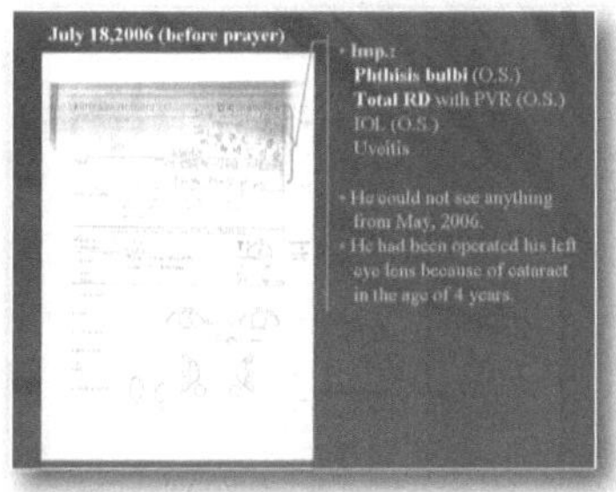


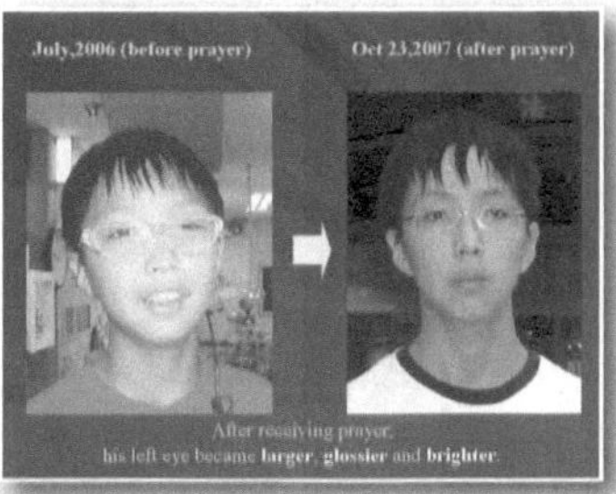


(제 5회 국제 기독의학 콘퍼런스 시 발표된 박건위 형제 사례의 일부)

회복되었습니다. 뿐만 아니라 0.1이었던 오른쪽 눈의 시력도 0.9로 현격히 좋아졌습니다. 이 간증 사례는 41개국 220명의 의사들이 노르웨이에 모여 진행한 제 5회 국제 기독의학 콘퍼런스에 상세한 병원 자료와 함께 소개되었고, 가장 큰 호응을 받은 사례로 꼽히기도 했습니다.

다른 기관의 조직이나 신경도 마찬가지입니다. 사고나 질병으로 이미 신경이 마비되고 세포 조직이 죽었다 해도, 4차원의 공간이 입혀지면 정상이 될 수 있습니다. 각종 지체장애도 4차원의 공간에서는 얼마든지 정상으로 회복될 수 있는 것입니다. 또한 암, 에이즈, 결핵, 감기, 열병 등 균이나 바이러스에 의한 질병 역시 4차원의 공간에서는 얼마든지 정상으로 회복될 수 있습니다.

이런 경우에는 먼저 성령의 불이 임하여 균이나 바이러스를 태웁니다. 그리고 질병으로 손상된 조직이 4차원의 공간에서 다시 생성되면 완치가 되는 것입니다. 불임 역시 4차원의 공간이 입혀짐으로 문제가 있던 부분이 온전케 되면 정상적으로 잉태할 수 있습니다. 이처럼 4차원의 공간에서 하나님의 권능으로 질병과 연약함을 치료받기 위해서는 각자가 하나님의 공의에 합당해야 합니다.

## 3. 시공(時空)을 초월하는 역사

4차원의 공간에서 나타나는 권능의 역사는 시공을 초월하여 이뤄집니다. 그것은 4차원의 공간이 다른 차원들을 포함하며, 또한 초월하기 때문입니다. 시편 19편 4절에 "그 소리가 온 땅에 통하고 그 말씀이 세계 끝까지 이르도다" 했습니다. 이는 넷째 하늘에 계신 하나님께서 말씀하시는 소리가 온 세계 끝까지 이른다는 의미입니다.

첫째 하늘, 곧 이 육의 공간에서 아무리 먼 곳도 4차원의 공간 개념으로 볼 때는 바로 옆과 같습니다. 태양빛은 1초에 지구 일곱 바퀴 반을 돈다고 합니다. 하나님의 권능의 빛은 지구뿐만 아니라 우주 끝에도 순간에 이를 수 있습니다. 따라서 육적인 거리의 멀고 가까움은 4차원의 공간에서는 의미가 없는 것입니다.

마태복음 8장에 보면, 한 백부장이 예수님께 자기 하인의 중풍병을 고쳐 주실 것을 구합니다. 예수님께서 그의 집에 가려고 하시자, 백부장은 "주여 내 집에 들어오심을 나는 감당치 못하겠사오니 다만 말씀으로만 하옵소서" 합니다. 이에 예수께서 백부장에게 "가라 네 믿은 대로 될지어다" 하시니 그 시로 하인이 나았습니다.

예수님은 4차원의 공간을 소유하신 분이므로 이처럼 말씀으로만 명하셔도 그 시로 멀리 떨어진 곳의 병자가 온전히 고침을 받았습니다. 백부장에게 이러한 축복이 임한 것은 그가 예수님께 대한 온전한 믿음을 내보였기 때문입니다. 예수님께서도 "이스라엘 중 아무에게서도 이만한 믿음을 만나보지 못하였노라" 하시며 백부장의 믿음을 칭찬하셨습니다.

하나님께서는 온전한 믿음으로 하나 된 자녀에게는 어제나 오늘이나 변함없이 시공을 초월하는 권능의 역사를 베풀어 주십니다.

셀리악병(Celiac disease)으로 죽어 가던 파키스탄의 신시아도, 바이러스에 감염되어 죽어 가던 이스라엘의 리사니아스도 시공을 초월한 기도로 살아났습니다. 미국에 사는 로버트 존슨 선교사도 시공을 초월한 기도로 응답을 받았습니다. 그는 사고로 아킬레스건이 파열되고 극심한 통증으로 인해 걸을 수가 없었는데, 어떠한 병원 치료도 받지 않고 오직 시공을 초월한 기도를 통해 완전히 정상으로 회복되었습니다. 바로 이것이 4차원의 공간에서 이뤄지는 권능의 역사입니다.

손수건을 통해서 희한한 능이 나타나는 것도 4차원의 공간에서 일어나는 시공을 초월한 역사입니다. 시간이 아무리 흘러도, 손수건의 주인이 공의에 합당하면 그 권능은 사라지지 않습니다. 그러므로 기도받은 손수건은 언제 어디서든지 4차원의 공간을 열 수 있는 너무나 소중한 것입니다.
단, 믿음이 없이 불경건하게 사용할 때에는 아무런 역사도 나타나지 않습니다. 손수건으로 기도해 주는 사람뿐만 아니라, 기도를 받는 사람도 공의에 합해야 합니다. 하나님의 권능이 담겨 있음을 의심 없이 믿어야 하는 것입니다.

영의 세계에서는 공의에 따라 정확하게 역사가 따릅니다. 그러므로 손수건으로 기도하는 사람의 믿음과 기도 받는 사람의 믿음이 정확하게 측정되어 공의에 합한 만큼 역사가 나타납니다.

## 4. 영의 공간을 활용하는 역사

여호수아 10장 13절에 보면 "태양이 중천에 머물러서 거의 종일토록 속히 내려가지 아니하였다" 했습니다. 이 일은 여호수아가 가나안 땅을 정복할 때 아모리 족속과의 전쟁 시 일어났습니다. 첫째 하늘에서 하루 동안 시간이 멈추려면 무슨 일이 일어나야 할까요?
하루는 지구가 자전축을 중심으로 한 바퀴 도는 데 걸리는 시간입니다. 따라서 시간이 멈추려면 자전하는 지구가 멈추어야 하지요. 만일 자전하는 지구가 잠시만 멈춘다 해도 지구는 물론 천체에 막대한 영향을 끼치게 됩니다. 그런데 어떻게 약 하루 동안 시간이 멈출 수 있었을까요?

그 순간 지구뿐만 아니라 첫째 하늘의 모든 것이 영의 시간의 흐름을 탔기 때문입니다. 첫째 하늘보다는 둘째 하늘의 시간의 흐름이 빠르며, 셋째 하늘의 시간의 흐름은 더 빠르지요. 그런데 넷째 하늘의 시간의 흐름은 더 빠를 수도 있고 느릴 수도 있습니다. 다시 말해 넷째 하늘의 시간의 흐름은 하나님께서 마음에 품으시는 대로 자유롭게 운용할 수 있는 것입니다. 시간을 늘릴 수도 있고, 줄일 수도 있고, 멈추게 할 수도 있습니다.

여호수아의 경우, 첫째 하늘 전체가 넷째 하늘의 공간이 입혀져 원하는 만큼 시간을 늘려서 활용한 것입니다. 성경에는 줄어든 시간의 흐름을 탄 경우도 있지요. 바로 열왕기상 18장에 나오는 엘리야가 왕의 마차보다 앞서 달릴 때의 일입니다. 줄어든 시간의 흐름은 늘어난 시간의 흐름과 반대입니다. 엘리야는 자기 속도로 달렸지만 줄어든 시간의 흐름을 탔기에 왕의 마차보다 빨리 갈 수 있었지요. 앞서 설명한 창조의 역사나 죽은 것이 살아나는 역사, 시공을 초월한 역사 등은 멈춤의 시간 동안 이뤄진 것입니다. 그래서 마음에 품거나 입술로 내는 순간 즉시로 역사가 나타나는 것을 볼 수 있습니다.

이해를 돕기 위해 사도행전 8장에 나오는 빌립 집사의 공간 이동을 살펴보겠습니다. 빌립 집사는 성령의 지시를 받아 예루살렘에서 가사로 가는 광야 길에서 에디오피아 내시를 만났지요. 빌립은 내시에게 예수 그리스도의 복음을 전하고 물가에서 세례를 주었습니다. 그후 가사로 가는 광야에 있던 빌립이 아소도라는 도시에 나타납니다. 이는 순간 이동을 했기 때문에 가능한 일이었습니다.
순간 이동을 하기 위해서는 넷째 하늘의 속성을 지닌 4차원의 공간으로 형성된 영의 통로를 거쳐야 합니다. 이 영의 통로 안에서 시간의 흐름이 멈추면 사람의 순간 이동이 가능한 것입니다.

이러한 영의 통로를 활용하면 기후를 조절할 수도 있습니다. 예를 들어 가뭄과 홍수로 어려움을 겪는 곳이 있다고 합시다. 이때 홍수 지역의 비구름을 영의 통로로 이동시켜 가뭄 지역에 보낸다면 두 지역 모두 문제가 해결될 수 있습니다. 태풍도 영의 통로를 통해 사람이 살지 않는 곳으로 이동시키면 아무런 걱정이 없을 것입니다. 영의 공간을 활용하면 태풍뿐만 아니라 화산 폭발이나 지진 등도 막을 수 있습니다. 화산이나 지진의 진원지를 영의 공간으로 입히면 되는 것입니다.

그러나 이러한 모든 역사는 하나님의 공의에 합할 때 가능합니다. 예를 들어, 국가적인 재해를 막기 원한다면 나라의 머리급이 기도를 요청하는 것이 합당합니다. 또한 영의 공간이 입혀진다 해도 첫째 하늘의 공의를 완전히 무시할 수는 없지요. 영의 공간이 다시 걷혀진다 해도 첫째 하늘에 혼란이 생기지 않는 범위 내에서 강도가 조절되는 것입니다. 전지전능하심으로 모든 하늘들을 통치하시는 하나님께서는 사랑과 공의의 하나님이시기 때문입니다.

# 근본의 소리를 발하라

초판 1쇄 발행 2005년 4월 24일
2판 1쇄 발행 2009년 4월 11일
2판 2쇄 발행 2009년 6월 20일

지은이 이재록
발행인 빈성남
편집인 빈금선

발행처 우림북
편집부 02-851-3845, 070-8240-5611
팩 스 02-851-3854
영업부 02-837-7632, 070-8240-2072
팩 스 02-869-1537

등록번호 164-11-01027



값 8,000원

ISBN 978-89-7557-206-7(04230)
ISBN 978-89-7557-203-6(04230) (set)

우림

우림은 구약 시대에 대제사장이 하나님의 뜻을 묻기 위해 사용하던 판결 흉패이며,
히브리어로 '빛'이라는 의미가 있습니다(출애굽기 28:30).
빛은, 곧 하나님 말씀이며 생명입니다.
우림북은 온 누리에 참 빛을 비추고자 오늘도 기도와 정성으로 문서선교 사역에 앞장서고 있습니다.

www.ingramcontent.com/pod-product-compliance
Lightning Source LLC
LaVergne TN
LVHW101919220826
846093LV00009B/297

* 9 7 8 8 9 7 5 5 7 2 0 6 7 *